TITANIC

▲ニューヨークに向けて航行するタイタニック（画・野上隼夫）

▲タイタニックのグランド・ステアケース（Frank O. Braynard）

タイタニックは、ホワイト・スター・ラインによる3隻の巨船計画によって1900年代初頭、ネイバル・アーキテクトのアレクサンダー・カーライルとトマス・アンドリューズによって造られた。当時世界最大であったこの豪華客船は客船史に残る名船であると同時に、世界最大の海難を起こした悲劇の巨船となった。（→ §4）

▲インペラトール

IMPERATOR

世界最大といわれたタイタニックやオリンピックを凌ぐ豪華さと大きさのインペラトールは、ドイツの海運会社ハンブルク・アメリカ・ライン（ハパグ）の社長アルベルト・バリーンが挑戦した究極の巨船である。
1913年から1年間就航したのち第1次世界大戦の賠償でイギリスの手にわたる。（→§5）

◀インペラトールの1等談話室（写真上）と喫煙室（写真下）

あるぜんちな丸

▲あるぜんちな丸の特別室「富士の間」

▼ぶら志゛る丸のプール

大阪商船のネイバル・アーキテクト和辻春樹の傑作あるぜんちな丸とぶら志゛る丸のインテリアは、日本の伝統様式が施されたモダンな空間となっている。
特別室は居室、寝室、化粧室、ベランダを備えた日本で初めてスウィートである。「富士」のほかに「武士（さむらい）」や「桜」があった。プールはボート・デッキに設置されており、世界でもめずらしかった。（→ §6）

ぶら志゛る丸

▲リヴァイアサン（画・野上隼夫）　　▲ドックに入ったリヴァイアサン

ドイツの巨船ファーターラントは、アメリカのギブズ＆ブラザーズ社のギブズ兄弟によってリヴァイアサンとして生まれ変わった。兄のウィリアム・ギブズは、最大で最速、そして最も安全な世界一のアメリカ客船を造ることに情熱を燃やしユナイテッド・ステーツを完成させる。（→§7）

◀ユナイテッド・ステーツ（写真上）とラウンジ（写真下）

野間 恒

客船の時代を拓いた男たち

交通研究協会発行
成山堂書店発売

交通ブックス
220

本書の内容の一部あるいは全部を無断で電子化を含む複写複製（コピー）及び他書への転載は，法律で認められた場合を除いて著作権者及び出版社の権利の侵害となります。成山堂書店は著作権者から上記に係る権利の管理について委託を受けていますので，その場合はあらかじめ成山堂書店（03-3357-5861）に許諾を求めてください。なお，代行業者等の第三者による電子データ化及び電子書籍化は，いかなる場合も認められません。

まえがき

　交通機関のなかで、船は《世界最大の動く物体 world's largest moving object》である。海事史を紐解くと、多くの経営者や技術者が船を愛し、その誕生と運航に心血をそそぎ、命までかけた姿が浮かびあがってくる。何故これほどまでに凄まじい生涯を送ることになってゆくのだろうか。

　大量生産の自動車や航空機とは対照的に、船は1隻、1隻が手づくりで造られる。露天下の作業だから、木造船であれ鋼鉄船であれ、雨の日も風の日も造船工は船の形づくりに勤しむ。粒々辛苦のすえに完成した船が進水するときには、造船技術者（海外ではネイバル・アーキテクト Naval Architect と呼ばれる）や造船工など、仕事に携わった誰もが万感の気持ちで船を海上に送りだす。

　経営者の立場からすれば、巨大な物体に乗客や貨物を乗せて大洋を往復させることから得られる大きな社会的満足感そして喜び、さらにライバル船会社との闘い。男子一生の挑戦として離れられない執着となる。それだけに船に魅力があると言えるが、別の見方では人間を惹き付けてやまない「魔力」があるのかもしれない。

　自動車や列車には望めない海運の社会的な使命は、世界の歴史を担ったことである。中世から現代まで、海運、なかでも客船は世界秩序の形成で不可欠の動力となった。また戦時における国家への挺身、すなわち輸送船として果たした大きな役割も無視できない。現在では客船の使命はクルーズが主体であるが、広く海上運送（海運）に眼を移せば私たちの生活がどれほど商船に支えられているかが明瞭になる。

　自給自足のアメリカと異なり、日本は燃料（石炭、石油、LNG）

から食料まで、国民が日々の生活に必要な物資のすべてと言えるほど、海外から輸入している。これら必要不可欠の物資は商船で運ばれている。だから、商船という輸送手段が無くなれば、日本国民はただちに飢える運命にある。私たちにとり、これほど重要な役目を果たしている海運の存在は広く日本人のあいだに知られているだろうか。大量生産の列車や自動車は、メディアのお蔭で人びとに興味を持たれているが、残念ながら海運については、興味本位のメディアからは無視されている。筆者の少年時代、『四面環海』とか『我は海の子』と、どの新聞でも紙面を賑わせていたが、今のメディアが青少年をそのように啓蒙する役目を忘れているのは寂しい限りである。

　粒々辛苦して船を造り、その運航に携わった人びとの姿の一部を本書で採りあげたが、読者はこれらの人間像に触れることでわが国にとって海運が如何に大切な存在かということを認識して頂ければ幸いである。

2015年11月

野間　恒

目　　　次

まえがき

§1　イザンバード・ブルーネル ………………………… *1*
　　―時代に先行した巨船に命をかけた技術者―

§2　サミュエル・キュナードとエドワード・コリンズ … *27*
　　―熾烈なライバル競争を展開した北大西洋の先駆者たち―

§3　浅野総一郎 …………………………………………… *61*
　　―日の丸客船で太平洋航路に切り込んだ日本人―

§4　ハーランド＆ウルフをめぐる人びと ……………… *93*
　　―美しい船造りに取り組んだネイバル・アーキテクトたち―

§5　アルベルト・バリーン ……………………………… *134*
　　―ドイツ皇帝の恩愛のもと世界一の海運会社に育てあげた
　　　海運人―

§6　和辻春樹 ……………………………………………… *160*
　　―京都文化を体したスタイリッシュな客船を産みだした
　　　ネイバル・アーキテクト―

§7　ウィリアム・ギブズ ………………………………… *188*
　　―20世紀の名客船ユナイテッド・ステーツを産んだ
　　　ネイバル・アーキテクト―

　資料　主な人物の海事関係年表

§1 イザンバード・ブルーネル
―時代に先行した巨船に命をかけた技術者―

その人となり

　幕末の日本に外国艦隊が押し寄せていた頃、イギリスでは世界最長の堅牢な吊り橋が完成していた。ブリストル市を流れるエイヴォン河にかかるクリフトン橋で、今なお夜間に LED 電飾が輝いている。この橋を設計したのがイザンバード・K・ブルーネル（1806〜1859、以下ブルーネル）である。まず、ブルーネルの人となりを述べたい。

イザンバード・ブルーネル
Isambard K. Brunel

　フランス人の父親とイギリス人の母親からポーツマスで生を享けた少年は両親の名前を受けついで命名された。父親マルクはテムズ河トンネル（1825年掘削開始）に応用したシールド工法の発明や、造船におけるブロック建造を発案した建築家であった。この父親はブルーネルの才能の萌芽を見抜き、4歳のときから製図や遠近図法などを教えていた。その後ブルーネルを寄宿学校に入れる。記録によれば8歳でユークリッド幾何学とフランス語を会得したとある。

　その後フランス留学を経たのち、20歳になったとき、父親が設計、建造していたテムズ河トンネル工事を手伝う。河床の土質のせ

いで掘削工事は難航をきわめ、大きな破水事故でブルーネル自身も重傷を負っていた。そのような具合で、工事は1826年から17年間もかかり、ブルーネルが37歳の1843年に開通した。このトンネルは今なお供用されており、筆者も以前に通った。地下鉄が付近に開通したこともあり、緩やかな降り〜昇り坂のトンネルには人の姿がなかった。

土木技術者・ブルーネル

トンネル工事場での体験を経たのち、土木技術でのブルーネルの多彩な才能がしだいに開花する。24歳になった1830年、ブリストル市が行ったエイヴォン河にかける吊り橋（クリフトン橋）の設計コンペで見事優勝し、同時に王立協会 Royal Society

ブルーネルが描いたクリフトン吊り橋の絵

現在のクリフトン吊り橋 Clifton Suspension Bridge

(1660年設立の現存する最古の科学学会)の会員にも選任された。今はブリストル市のシンボルになっている美しい吊り橋だが、400メートルを超える峡谷にかける難工事であることから、開通したのはブルーネルの死後5年経った1864年であった。

こののち、ブルーネルは自分の仕事の領域を鉄道関連に進めてゆく。1833年にブリストル〜ロンドン間の鉄道計画がまとまり、グレート・ウェスタン鉄道 Great Western Railway（以下GWR）が設立される。ブルーネルはこのとき役員で、技師長として参画するが、こののちは「GWR産みの親がブルーネル」といっても差し支えないほど、ブルーネルの才能の華がひらくことになる。

GWRがロンドン（パディントン駅）とブリストル（テンプルミーズ駅）を結ぶ線で開業したのが1841年である。この区間は広軌レールで完成された。他の鉄道は狭軌なのが一般的だったが、広軌は狭軌に比して、①ハイスピードが可能、②輸送荷物量が多い、③乗客の乗心地が良い、などの点を力説してGWRの広軌を実現した（注：ブルーネルの死後、法令で国内鉄道は狭軌に統一されたので、GWRも狭軌に改められた）。この頃のイギリスには鉄道建設時代が到来しつつあったので、数々の鉄道橋デザインでもブルーネルが活躍する。

処女設計のグレート・ウェスタン

1836年、30歳のときブルーネルはオルガン奏者ウィリアム・ホーズレイの息女メアリーと結婚、ロンドン市内に居を構えた。その1年まえの1835年のこと、ブルーネルはGWR役員会でブリストルからニューヨーク間の定期航路の開設を提案する。これでロンドン〜ニューヨーク間の通し運送システムを作ろうとしたのである。ブルーネル29歳のことだが、現代の感覚にも通ずるこのアイディアに

は驚嘆のほかない。

　しかし、この当時のイギリスでは鉄道建設が緒についたばかりだったから、一般大衆は「イギリスからニューヨークまで蒸気船を走らせるのは、月まで行くのと同じだ」と考えていた。1836年1月にブリストルで講演したある学者は、「蒸気船の可能な最長連続航走距離は2,080マイルであり、その距離を超えるには石炭補給が必要だ」と述べていた。ブルーネルはその説の根拠は実情にそぐわないと、逐一反論していた。その学者は「ブルーネルがその航海を実現できると考えているが、それは彼の願望に過ぎない」とまで言いきっていた。（杉浦昭典『蒸気船の世紀』）

　このとき、1千トンを超える商船を建造することについてもさまざまな批判が起こっていた。これらの揶揄をものともせず、ブリストル有数の実業家たちとGWR役員が集まり、北大西洋に定期船を就航させることが決まる。1836年にグレート・ウェスタン汽船会社（以下GWS）が設立され、ブルーネルに船の設計が委託された。

グレート・ウェスタン

1836年6月、「グレート・ウェスタン Great Western」(1,340総トン、750馬力)と名付けられる新船は地元ブリストルの造船所(William Patterson & Mercer)で起工され、翌年進水後にロンドンまで曳航、そこでブルーネル設計のサイドレバー機関(750馬力)が搭載された。

「グレート・ウェスタン」は1,340総トン[1]、全長72メートル、幅10.7メートル、満載喫水[2] 4.9メートル、石炭庫容量は800トンで25日間航海可能だった。乗客設備(148名)は帆船時代の慣習に従い、船首側に20名(独身男性客)、船尾寄り船室は夫婦と独身女性に充てていたと思われる。その構造にはブルーネル独特の着想が込められていた。樫(かし)材で造られた堅固な船体は鉄製ベルトで補強され、帆装は推進補助のみならず、荒天航海中も外輪が水面から露出せぬように帆を操作できる工夫がなされていた。これは現代のスタビライザーに似た工夫といえよう。

北大西洋横断の輸送は19世紀初頭から《パケットシップ packet ship》と呼ぶ郵便帆船の役割だったが、1819年の蒸気船「サヴァンナ」が嚆矢になり、蒸気船がしだいに進出しつつあった。蒸気船による定期航路を経営する会社は GWS のほかにブリティッシュ&アメリカン・スティーム・ナヴィゲーション社(ロンドン起点)とトランス・アトランティック汽船会社(リヴァプール起点)があった。郵便帆船の会社は蒸気船の進出に脅威を感じ、蒸気船会社と互いに競争しあっていた。

だから、各社は新聞で PR をするばかりでなく、他社を誹謗して自社を有利にする風潮があった。「グレート・ウェスタン」の就航

---

1) 総トン:船体の容積をトンで表示したもの。船体の遮蔽部分の容積から船の運航、衛生、安全に関するスペースを控除したスペースを100立方フィート(2.8329㎥)で割った数字
2) 満載喫水:貨物積載の限度。船腹に描かれた満載喫水線で表す

は非常な話題となり、50名（定員140名）の渡航者が予約していた。ところが、テムズ河からブリストルへ回航中に機関室で火災が発生、船上にいたブルーネルはボイラー室に転落して重傷を負うという事件が起こった。火災はすぐ鎮火したが、そのニュースが伝わるとキャンセルが続き、1938年4月8日の処女航海に乗ったのは7名というありさまであった。

「グレート・ウェスタン」が海事史で記憶される理由は、史上初めて最初から北大西洋定期用に設計された客船ということだが、処女航海でのライバル船との競走は後々まで語り継がれている。レースのライバルはブリティッシュ＆アメリカン・スティーム・ナヴィゲーション社だった。この会社は建造していた社船の完成が遅れたため、沿岸航路の小型船「シリウス Sirius」（703総トン、1937年建造）を急きょ用船してニューヨークまでの早着レースで「グレート・ウェスタン」に競争を挑んできたのである。

「シリウス」は1838年3月28日ロンドンを出航する。いっぽう、「グレート・ウェスタン」はペイント火災の復旧工事のため出航が3日間遅れていた。

世紀の北大西洋横断レースの幕が切って落とされたが、結果的に「シリウス」が4月22日、「グレート・ウェスタン」は数時間の遅れでニューヨークに着き、世界最初の定期サービスでの横断競争は「シリウス」に軍配があがった。しかし25日間の航海中、「シリウス」は出帆前に積み込んだ燃料炭450トンを消費してしまい、ニューヨーク到着の数日前からロジン（ニスに使用する精製松脂）や薪はもちろん、燃やしうる船内調度品から乗客の人形まで炉へ放り込んだという。他方「グレート・ウェスタン」は到着したとき、石炭が200トンも残っていた。もし「グレート・ウェスタン」就航直前のトラブルがなければ「シリウス」を追い越していたことは間違いな

グレート・ウェスタンと競争したシリウス

かった。

　1840年には新会社キュナード・ラインがリヴァプール〜ハリファックス〜ボストン航路を開設したが、GWS 創業当時のライバルの二社が落ちこぼれたおかげで、その後の「グレート・ウェスタン」には悠々たる前途が待っていた。初めて実現した新大陸への定期交通が人気を呼び、「グレート・ウェスタン」は第3次航海で西航16日（平均速力8.77ノット）、東航13日（平均速力10.28ノット。メキシコ湾流のおかげで西航よりも早い）の好記録で航海した。

世界最初の航洋鉄船グレート・ブリテン

　イギリスの港ブリストルに「グレート・ブリテン Great Britain」という鉄船が保存されている。木造で外輪推進（船体の左右に取り付けられた水かき車で推進すること）が常識だった時代に着想された鉄船であるが、それゆえに船主 GWS を倒産に導き、その堅牢さのおかげで160年間も生き延びた商船である。「グレート・ブリテ

ブリストルで保存工事中のグレート・ブリテン

ン」が海事史に記憶されるその特徴は、世界最初の航洋鉄船であり、スクリュー推進の船ということである。「グレート・ブリテン」は「グレート・ウェスタン」の僚船として計画されたもので、次々に生み出されるブルーネルの着想と説得力により、また好決算であったGWSの経営陣が前代未聞の商船の建造に同意したものである。船名は「シティ・オブ・ニューヨーク」の予定だったが、「グレート・ブリテン」として完成する。画期的なこの船が生まれるまでには、二つの出会いがあった。

当然のことながら「グレート・ブリテン」は木造、外輪推進の船として計画が社内で進められていた。ところが建造に必要なアフリカ木材の価格が高騰していた。国内で製鋼技術が出揃うのは1870年代になるが、鉄道時代を迎えて製鉄業が盛んになり、鉄（練鉄）の価格が下降しつつあった。1838年秋のこと、イギリス海峡フェリー「レインボウ」（鉄船）がブリストルに来航した。これに乗船したブルーネル・チームのメンバーが鉄船の有利性を報告、それでブルー

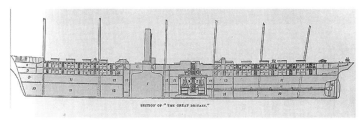

グレート・ブリテンの断面図

ネルが決断、経営陣を説得して木造から鉄構造変更された。

　船体が木造なのと鉄とでは構造面で大きな差があることから、ブルーネル率いる設計陣は苦労の連続であった。製図を何回もやり直し、5回目にようやく完成したとき、船のサイズは何と「グレート・ウェスタン」の2倍半の3,600排水トンにもなっていた。

　1840年春、240トンの蒸気船「アーキミーデス」がブリストルに寄港した。この船は小型ながら世界最初のスクリュー（暗車）推進船だった。船主の好意で試験運転を重ねたすえ、ブルーネルは外輪推進よりもスクリュー推進の有利性を確信する。燃料消費も外輪船の半分と分かる。船に取り付ける外輪装置は半分できあがっていたが、再びブルーネルの説得が奏功して、暗車推進（スクリュー推進）に変更された。

　スクリューが有利というブルーネルの見解は次のとおりであった。①外輪に比べて軽いから経済的、②機関スペースが少ないから貨物を余計に積める、③積荷の多少で喫水が変わるから外輪では推進効率が不安定、④スクリューの方が安価にできる。

　こうしてブルーネルは"より良い船"への実現に突き進んだが、そのために船の完成が9か月も遅延することになる。1843年7月19日、いよいよ進水の日が到来、この日、ブリストル市内は公休日となっていた。

進水といっても船台から滑り降りるのではなく、建造ドックに水を入れて浮揚させるものだった。ブルーネルの先導でヴィクトリア女王の夫君アルバート殿下が到着、ロンドンなどから鉄道でやってきた数多の観衆が見守るなか、「グレート・ブリテン」は美しい船体を水に浮かべた。ブリストルに集まった人びとはそれまでに見たこともない巨大な構造物に眼を奪われた。

　ところが「グレート・ブリテン」の前途には障害が立ちはだかっていた。「グレート・ブリテン」を係留するブリストル港のドック（湿船渠[3]）のサイズ（出入口か？）が不充分だったのである。理解できないことだが、進水後にエンジンを取り付けようとしたところ、船体サイズが不足することが分かり、船幅を拡幅、喫水が深くなっていたのである。港湾局がドックを改造する間、船は1年間も放置されてしまう。

　このようなトラブル後の1845年、「グレート・ブリテン」は最終的に航行可能となるが、ここで本船の諸元と特徴を紹介する。全長98メートル、幅9.9メートル、総トン数3,270トン、乗客定員360名、貨物1,200トン、燃料炭1,200トン積載可能というもの。L/B[4]が10近いという細長い船体であったから、ブルーネルは縦強度の保持に腐心して、船体は鉄の縦通ガーダー[5]10本で固定、5か所の隔壁で仕切られていた。推進補助のため帆装用のマストを6本も取り付けていた。

　1845年7月26日、GWSが第2船を計画してから何と7年後、乗客45名を乗せた「グレート・ブリテン」は処女航海の途につく。リ

3）湿船渠（wet dock）：係船ドックのこと＝水門を設けて内部の水位を適当に維持し、潮の干満に関係なく船が停泊できる人工の泊地
4）L/B：船体の長さを船体の幅で割った係数。船の細長さを表現する
5）縦通ガーダー（longitudinal girder）：船体の縦強度を保持するため船体内に縦方向に取り付けられた桁材

ヴァプールからニューヨークまで14日21時間（平均速力9.25ノット）という、それほど早くない航海であった。ただあまりにも細長い船体が災いして、平穏な海上でも横揺れが激しく、帆装を操作して安定させるほかなかった。このため乗客の不評を買ったので、34メートルものビルジ・キール[6]を取り付ける。

　ところが悪い運は重なるもので、1846年、船長のミスによりアイルランドのダンドラム湾の岩礁に乗りあげてしまう。強靭な船体のおかげで破壊せず、そのままの状態で1年経過する。しかし船主の方はこれまでの追加工事や海難で蓄えは尽きてしまい、翌年GWSは遂に本船を手放してしまう。

　新しい船主のもとで1年間、「グレート・ブリテン」は豪州へ32往復したあと6年間係船（仕事がなくなった船が繋がれること）、1882年に帆装だけで石炭輸送に従事したのち、フォークランド諸島で石炭貯蔵船（羊毛倉庫の説もある）となったあと遺棄されていた。それから120余年が経ったのちの1970年、富豪、国民の寄付で本船はブリストルへバージに乗せて運ばれてくる。保存工事が完了した2005年、「グレート・ブリテン」は生まれ故郷のドライドックで保存されている。

　160年前にブルーネルの頭脳から生まれた「グレート・ブリテン」は構造的に、推進技術の点で時代に先行した客船であった。操船の誤りで座礁し、サルベージ作業にてこずったことが船主を倒産に導いたが、堅牢な船体ゆえに今日まで不朽の生命を全うしたものである。なお後述する「グレート・イースタン」の構想は「グレート・ブリテン」の豪州航路の実績からブルーネルがヒントを得たとされている。

6）ビルジ・キール（bilge keel）：船底の両側に竜骨（keel）に並行して取り付けられた幅のある長材で、船の横揺れを緩和するもの

話を1839年に戻す。「グレート・ウェスタン」による定期配船が順調に行われていたその年、イギリス海軍省は北大西洋の郵便運送契約の入札を公示する。それ以前の郵便運送契約は一航海ごとに行われていた。定期航海が順調にゆき始めれば、特定の船社と安い料金で契約するのが有利である。入札で本命とされていた GWS でなく、キュナード・ラインに契約をとられたことが GWS の命運を決めてしまう。これには理由があり、1839年の不況による荷動き減少を理由に、GWS は「グレート・ウェスタン」を11月から3か月間係船していた。加えて、キュナード・ラインが1840年から41年まで4隻を竣工させる体勢であったのに比して、2番船「グレート・ブリテン」が1845年まで就航できなかった。これがイギリス海軍省の信頼を失う一因となったという。

大型化への果敢な挑戦

海上交通の革新と発達が大胆で非凡な発想によってもたらされることは、各種の事例が物語っている。トレーラー・トラックの考えを海上輸送に応用し、コンテナ船による輸送革新を実現したマルコム・マクリーンが率いるシーランド社もその好例である。ところがその着想が時代をあまりにも先取りしている場合には、その時代の情勢に合わず、不運な結末を迎えることが多い。

のちに、マルコム・マクリーンがユナイテッド・ステーツ・ラインズ（USL）の経営を引き受け、1980年代にエコンシップ Econship と呼ぶ船隊（当時では破天荒なサイズの4,400個積み大型コンテナ船を12隻）を建造したが、このため USL の倒産を招いて失敗に帰した。21世紀の今、15,000個積みの巨船が出現して順調な航海を続けているが、エコンシップでは燃料費節約のために極端に低出力のエンジンを搭載したので、荒海のなかでの航海でスピード・ダ

ウンが甚だしく、これが競争力を削いだものであった。

今から約160年前にイギリスで建造された「グレート・イースタン Great Eastern」という巨船の場合は、設計者の着想があまりにも大胆で非凡であった。しかし、搭載エンジンの出力があまりにも不足していたこともあって不運な生涯を送ることになる。これはUSLのエコンシップと共通しているといえる。

1851年、豪州で金鉱が発見されると欧州からおびただしい人数が渡航するゴールドラッシュが起こる。帆船や蒸気船が動員されるが、蒸気船はケープタウンで燃料炭を補給しなければ豪州へ行けない。ケープタウンでの石炭はイギリスから帆船で運んでいたから、その値段は高くなっていた。

ブルーネルが思いついたのは、豪州まで往復できるだけの大量の石炭を最初から生産地で安く購入し、船に積んで行けば航海中の補給は不要となる。それだけ大量の石炭を積むことのできる巨大船なら採算に乗る、ということであった。

「グレート・シップ」とブルーネルが名付けた巨船の設計図が完成したのは1852年のことである。その船は当時で最大級の船の約6倍のサイズであった。お化けのような船を運航する船主はないだろうと世間では考えられていたが、ブルーネルのアイディアに飛びついた会社が現れる。

イースタン・スティーム・ナヴィゲーション社（以下ESN）である。この会社は1851年にインド、豪州や極東への航路開設を目的に設立され、イギリス政府からの郵便運送補助の獲得を狙っていた。ところが補助契約はP&O社にとられ、失意のESNは体勢の挽回を狙っていた。

ブルーネルがESNに出した提案のなかで「船で焚く燃料炭を全部積んで航海する船を造るだけで、何ら新しい機軸が採り入れられ

ている訳でありません」と述べていた。ブルーネルの巨船計画は会社に承認され、直ちにブルーネル（当時グレート・イースタン鉄道会社の主任設計技師）を新船の技師長に任命、新船建造のすべてを委任した。

19世紀中頃までの欧州〜極東航路はスエズ地峡接続方式（運河開通以前ゆえ、オール・ウォーター連絡でなかった）と、喜望峰まわりのルートがあった。両ルートとも帆船と帆装蒸気船が使われていたが、航路経営で最大の難点は、給炭地が少なく、中間港（ケープタウン、アデン、セイロン）での燃料炭価格が高いことであった。というのは前述のとおり、これら給炭地へは、わざわざイギリスからウェールズ炭を帆船で運んでいたからである。

もしイギリス本土で安価な石炭を最初から積み込んで、航海途中に給炭する必要をなくせば、運航採算が良くなり航路経営が容易になる。それだけ大量の石炭を積み、なおかつ必要とする乗客や荷物を搭載できるためには、船型も破格の大型にする必要がある。

このような判断からブルーネルが設計した船は全長211メートル、幅37メートル、18,915総トン、満載排水量[7] 22,500トンと、当時の常識をはるかに超えるものだった。21世紀の今でこそ、このサイズは珍しくないが、当時最大の船がP&O社の「ヒマラヤ Himalaya」（3,450総トン、全長113メートル）であったことを考えれば、ブルーネル設計の船の破天荒さが想像つくだろう。旅客定員は1等800名、2等200名、3等800名の合計1,800名で、戦時の兵員輸送では1万名、貨物積載量は6,000トンであった。

ブルーネルが積算した建造費50万ポンドは空前の巨額だったが、ESNはこれだけのリスクを冒す価値があるとの判断で、建造に

7）満載排水量：満載喫水になるまで貨物を積んだときに船体が排除した海水の重さ＝その時の貨物と船体の自重を表す

「ゴー」がかかる。各造船所から入札を募ったところ、テムズ河畔ミルウォールにある造船所（ジョン・スコット・ラッセル社）が37万7千ポンドで落札した。

新船は1854年2月に起工される。予定された船名は「リヴァイアサン Leviathan」であったが、前代未聞の巨大船の建造は大変な評判となる。「世界一の巨船が建造中」と新聞報道され、イギリス国内だけでなく欧州からも幾千もの観衆が集まった。新聞のなかには「リヴァイアサンは戦争になれば相手に大脅威となろう」と書くものも出た。巨大船を称える唄やダンスが披露され、造船所のまわりには売店が並んだ。人びとは自然に「グレート・イースタン」と呼ぶようになる。

当時、テムズ河畔にはこのような巨大船用の船台（slipway：船が建造される傾斜した造船台）がなかったから、河と平行に船台を造ったうえ、横すべり進水という、前代未聞の手法がとられる。こ

テムズ河畔で建造中のグレート・イースタン

進水を前にしたグレート・イースタン

れもブルーネルによるオリジナルの発想であった。1857年11月の進水予定日には1万人もの人びとが集まる。このときブルーネルは、難しい進水を順序良く実行するために、式の進行中は完全な沈黙を要求したといわれる。

ところが「グレート・イースタン」と命名されても巨体はビクともしない。最後に水圧揚水機で引っ張って進水したのは2か月後であった。このような難工事によりブルーネルの健康は徐々に損なわれていった（このとき、ブルーネルは自分が考案したベッド付き自家用馬車で行動していた）。

「グレート・イースタン」は単にサイズが大きいだけでなく、船の各所に新機軸が採り入れられていた。10か所の横断隔壁、2対の縦通隔壁は船底から喫水線までの高さに造られていた。なかでも特筆されるのは二重底の採用である。現代の造船では常識になっているこの技法は、この当時は珍しかった。「グレート・イースタン」

の二重底はきわめて徹底したもので、船の全長にわたり1メートルの仕切りで造られ、その上縁が喫水線上2メートルまで及んでいた。これは、油濁事故防止のために採用されている最近のオイルタンカー構造の原型といえるものである。このほか、横断・縦通隔壁の採用など、きわめて入念な船体構造になっていた。

このように、本船は当時の造船技術水準からみて「特殊構造船」ともいえるものだったから、工期遅延、ひいては建造費がかさみ、1858年に進水した時には、最初の見込み費用（50万ポンド）を大幅に超える78万ポンドの巨額に達していた。結局のところ、船主ESNは造船所への支払い資金が調達できず、破産回避と債権者による本船差押えを免れるため、新会社グレート・シップ社（以下GS）が設立され、払込資本金34万ポンドを公募、その資金で建造を再開する一方、船をGSに16万ポンドで売却する。

この巨船を給炭なしに極東航路に就航させる計画はESNの破産で挫折する。このままでは従来の苦労が無駄になるので出資者を募り、ブルーネルも役員となりGSが設立されたのである。ブルーネルは度重なるトラブルからくる過労のため、腎盂炎（じんうえん）が悪化しつつあったが、役員の希望を入れ、船の要目をグレードダウンして完成を急がせていた。

1858年9月、「グレート・イースタン」はその巨体をついにテムズ河畔からドーバー海峡に現した。マンモス船を目のあたりにした人びとは、その巨大さとともに異様な外観にあらためて驚嘆した。

この頃は帆船から蒸気船への移行期であり、商船といえばクリッパー船首、単煙突、2本マストというのが標準的なスタイルであった。そのような船容を見慣れた眼には、直立船首、5本煙突、6本マストの船は「巨大な怪獣（Leviathan）」と映った。この巨獣の完成までは5年間の歳月を要していた。

建造中の「グレート・イースタン」を見た記者の言葉「神意の赴くままに賢く、素直に形作られた創造物」がこの巨船を見る人に与えた刺激の大きさを語っている。

北大西洋ではアメリカのコリンズ・ラインが1850年から豪華なインテリアの客船を就航させて気を吐いていたが、「グレート・イースタン」のインテリアもそれに劣らぬものだった。大きな船体が可能にした広大な客室スペースは他社が真似できないレイアウトに造られていた。

グレート・イースタンの広壮な豪華ラウンジ

例えば、グランドサロンは、長さ20メートル、幅14メートル、天井までの高さが4メートルと並はずれていた。天井の梁は赤、青で彩色され、壁面は金色と白地に金糸の織物という色彩豊かな装飾のうえに、側面には優美なバルコニーまで設けられていた。1等キャビンには洗面台、化粧台、ロッキング・チェアのほか、温水と冷水の出るバスタブもあった。「女王さまのような生活のできる空間だ」とは乗船客の感想だった。

主機関は外輪(直径17メートル)推進用が出力3,410馬力(1分11回転)、暗車(直径7.3メートル、ブレード4枚)推進用が6,500馬力(1分45回転)だった。6本のマストは月、火、水の順に名付けられていた。

1858年8月、ようやく完成した「グレート・イースタン」に試運転の日がやってくる。ブルーネルが乗船して出航する寸前、突然の災厄がブルーネルに降りかかる。心臓麻痺で倒れたブルーネルは陸上に搬送される。

「グレート・イースタン」が沖合に出たとき、第1煙突の煙路で水蒸気爆発が起こる。さいわいブルーネル考案の隔壁のおかげで大事故には到らなかったが、この修理のため就航が10か月も遅延してしまう。

このときブルーネルは病床で試運転成功の朗報を待ち望んでいた。しかし彼のもとに届いたのは爆発事故の報告書だった。ブルーネルが受けたショックは病状をさらに悪化させ、1か月後の9月15日に永眠したのである。

船主は、修理中の本船を有料一般公開して資金調達するなどの苦労を重ねたのち、1860年にようやく処女航海に出帆できる状態にした。船の完成遅延と予期せざる出費のため船主は資金不足におちいる。

そのため、当初予定の豪州ルートへ投入する資金が調達できず、航海ルートが豪州ルートほど長くない大西洋横断に使用することとなる。この年の6月17日リヴァプールを出航、11日13時間後の6月28日、ニューヨークに到着していた。この3か月まえ、日本の咸臨丸がサンフランシスコに到着していた。「グレート・イースタン」によるこの航海での平均速力は11.36ノットと記録されている。この速力は当時の汽船としては遅くなかったが、ブルーネルが意図した18ノットに及ばぬばかりか、当時の北大西洋横断記録（アメリカ客船「ボールティック Baltic」が1851年に樹立した13.05ノット）にも達しなかった。

このような難産ぶりで商業航海についた「グレート・イースタ

グレート・イースタンの完成想像図

ン」が北大西洋を往復するのは、それから1863年まで10回を数える。それは1861年から毎年3航海という過疎スケジュールであった。処女航海でニューヨークに着いたのち、近距離の2日間クルーズが行われて評判となり、ブキャナン大統領も乗船したとある。その後は北大西洋特有の荒天に悩まされる航海が多く、そのたびに操舵機（人力操縦）や外輪の故障が頻発したという。本船が予定どおり極東、豪州航路に使われていたならば、これほどの問題も発生しなかったと思われる。

　ただ不思議なことに多数の渡航者があった移住民を狙わず、高級客にウエイトをおいた構造であった。とりわけ不運だったのは、就航時期が南北戦争（1861〜65年）にぶつかったことである。このために、1861年6月、イギリス政府に用船されて、2,440名（兵員2千名を含む）をケベックまで輸送したほかは、利用客と積荷の不振にあえいだ。船主のグレート・シップ社は1863年12月、遂に破産、

船は翌年2月に9万5千ポンドで売却された。

第二の人生・ケーブルシップへの変身

　建造中からさまざまな不運に悩まされた「グレート・イースタン」であるが、仮にもう1年早く売りに出されていたなら、この船には解体業者しか興味を示さず、わずか4年で生涯を終えていたであろう。1863年末まで船主が船を持ちこたえたおかげで、この巨船には思いがけず第二の人生が開かれることになる。それは、海底電線敷設船（cable ship）への再生であった。

　海底電線といえば、1858年3月、ヴァレンシア・ハーバー（アイルランド）とニューファウンドランド（カナダ）間に敷設されたのが最初の大西洋横断海底電線（電信回路）である。ところがこの回線は1か月間作動しただけで不通になってしまった。「グレート・イースタン」の新しい船主になったグレート・イースタン社が、新しい用船者（Telegraph Construction & Management）を見つけたことにより、本船に第二の人生が開ける。

　ケーブルシップへの改造工事は1864年7月から6か月かけてなされた。北大西洋横断客船であった頃は乗客でにぎわった広壮なグランド・サロンが、ケーブル・コイルの収納場所に変わる。船のサイズが並はずれて巨大であったことから、それ以前には不可能であった長大な電線が搭載できるようになった。もっとも、その数量が多いだけに、電線を全部積み込むのに6か月もかかったという。

　1865年6月、「グレート・イースタン」は電線4,600トン、燃料炭7,000トンを積載してメドウェーを出航、ケーブルシップとしての処女航海の途についた。この年と翌年の計2回の出動で、8年前から途絶していた海底電線が修復され、待望の欧州〜北米間の通信が可能となった。このあと本船は7年間にわたり海底電線敷設作業に

グレート・イースタンの海底ケーブル敷設作業

活躍する。この期間、ボンベイ（今のムンバイ）とアデン（イエメン）間の電線敷設に一回出動したほかは、もっぱら北大西洋を往復しながら作業をしていた。

「グレート・イースタン」の推進装置は、船体中央部の外輪とプロペラを併用したユニークなものであった。この複合推進方式には、外輪によって乱された伴流がプロペラの推進力を削いでしまうという難点があった。しかしいっぽう、絶え間なく前後進したり、船体を左右に振る必要のあるケーブル敷設作業で効力を発揮したのだから皮肉なことである。

ケーブルシップとして活躍中（1865～79年）の1867年にパリ万博が開かれた。この大博覧会を見物するアメリカ人を運ぶため、急きょ改装されることになる。客船は全部1等にグレードアップされたほか、ボイラーの取り替え、蒸気操舵装置（船舶に採用されたのは本船が最初）の設置などにより、設備と性能が一新したのであ

る。

　新装なった「グレート・イースタン」はこのようにして客船として最後の華やかな舞台に復帰、ブレスト〜ニューヨーク間に就航した。しかしこの試みにもかかわらず、乗客は期待したほど集まらず、1867年4月末までに11航海しただけで係船されてしまう。

　「グレート・イースタン」が海底電線敷設に年月を費やしているあいだ、海上輸送の技術革新が次々になされていった。「グレート・イースタン」の船体がいかに堅牢であっても、その装備はもはや時代遅れになっていたのである。

　人の目を惹いた巨大な外輪推進方式は、1876年に「スコシア」（3,871総トン、1862年建造）が航海したのを最後に、北大西洋から姿を消し、効率の良いプロペラ推進一本になっていた。「グレート・イースタン」に搭載された型の蒸気機関（揺動式機関）は姿を消し、新しいタイプのもの（3連成レシプロ式蒸気機関）に取って替わられていた。1880年には船体が鋼鉄で造られるようになり、本船のような鉄船は大きいハンディキャップを持つようになった。

　乗客設備の面でも、1864年の「アメリク Amerique」（4,585総トン）を皮切りに、1880年代には船内外の照明がすべて電灯になるなど、快適化と近代化が進みつつあった。その意味で船齢27年ものこの老嬢は、ただちに解体場へ直行しても不思議ではなかった。

　しかし、当時世界最大の船としての地位をまだ失っていない「グレート・イースタン」を金儲けに利用しようとする商人の企てにより、この巨船は屈辱的な格好で末路をたどることになる。産みの親であるブルーネルが知れば、さぞかし悲しんだことであろう。

　「見世物にされる」という言葉があるが、「グレート・イースタン」は Exhibition Ship と名付けられ、その晩年（1886〜87年）には、文字どおり見世物になったのである。巨体の側面には興行主の

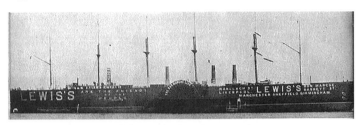

見せ物船となったグレート・イースタン

広告が描かれ、リヴァプール、ダブリン、グリーノックと巡回し、船上にはミュージックホール、サーカス、カーニバル、カジノなどが設けられていた。初年度には50万人もの入場者があったと記録されているが、このような興業はいつまでも続くものでなく、1887年11月、1万6千ポンドで解体業者の手に渡ってしまった。

鬼才イザンバード・K・ブルーネルが心血を注いで造りあげた巨船は、1888年、解体地バーケンヘッドに向かった。解体作業は翌年1月に始まったが、頑丈な船体のためか、解体終了まで2年以上の年月を要した。解体業者が本船の二重底を開いたところ、そこには、作業服を着た一体の骸骨が横たわっていたという。これを知った当時の人びとは、「グレート・イースタンがその生涯にわたり、多くの不運に翻弄されたのはこのせいだ」と噂したという。

当時の人びとが「白象」と呼んだこの巨船について、後世の私たちはどのように評価すればよいのだろうか。本船が晩年に入ったころ、さる人がこう言ったといわれる。「結局のところ、グレート・イースタンの存在意義は、現実的な意味で商船のサイズには限界があることを人びとに分からせたことだ」。

とはいえ、「グレート・イースタン」が解体されて12年後には、これを上回る商船が登場している。それから現在にいたるまで、大型化競争が続けられたことを見ても、この言葉が誤りだったことは

明らかである。

　ブルーネルが想定したように、もし「グレート・イースタン」がイギリス〜極東航路で使われていたならば、これほど不遇な生涯を送らなかっただろう、と言う人もいる。確かに19世紀中頃にはインドへの軍人輸送（植民地経営のため）や、豪州への移住者輸送が盛んに行われていた。だから「グレート・イースタン」がその巨体と長い航続距離をもってこの航路に就航していたならば、ある程度成功していたかもしれない。

　後知恵ながら、船の心臓部であるエンジンの形式が充分に発達していない段階で、このような巨船が造られたことに、より大きな問題があったといえよう。非常に重い船体を未熟な機関で推進させるのに無理がかかり、故障が絶えなかった。これが商船としての寿命を縮めたものと考えるべきでなかろうか。

　この項を終わるまえに、設計者であるブルーネルに再び触れておきたい。「グレート・イースタン」は、彼の人生で最後の10年間に取り組んだ創造物であった。破天荒な規模と構造の船の建造が始ま

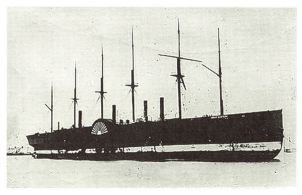

多彩な遍歴ののち終焉を待つグレート・イースタン

建造現場のブルーネル

ると、彼は船台建造中から艤装にいたるまで、工事現場から離れなかった。泥まみれの靴とズボン姿の写真が残っている。これを見ても彼が現場監督に一生懸命に力を尽くしたさまが想像できる。この写真はトップハットをかぶった異様な姿だが、工事監督中に気付いたメモ書きが帽子のなかに詰まっていたといわれる。彼が「グレート・ベイブ Great Babe」と優しく呼んだこの巨船の建造で、心身を擦り減らしたことが死を早めた。

　身長174センチの身体で睡眠時間4時間という信じられぬスタミナと才能が共存したブルーネルが創りあげた作品を後世の私たちが批評をするのは容易である。しかし、しょせんそれは「後知恵」に過ぎない。今から160余年まえに、周囲を説得し、そして自分の生命と引きかえにして実現に運んだブルーネルの行動力と非凡さは、現代に生きる私たちの心を捉えずにはおかない。

§2　サミュエル・キュナードとエドワード・コリンズ
―熾烈なライバル競争を展開した北大西洋の先駆者たち―

北大西洋航路の先駆者キュナードとコリンズ

19世紀までの長距離海上輸送は帆船が圧倒的な地位を占めていた。しかし、風まかせで航海する帆船ではコストは安いものの、目的地にいつ到着するかを前もって確定できない難点があった。19世紀半ばに蒸気船が遠洋ルートに登場するが、これは荷物の積み高が少ないかわりに《定期航路》と宣伝できるほど、わりあい確実なスケジュールで運航できるものであった。

帆船であれ蒸気船であれ、この時期の海運業は危険が多いかわりに、成功したときは莫大な利益が得られるものだった。だから、出資者から資金を集めて船を造り、多品種の交易品を運ぶ。持ち船が遭難する不運さえなければ、莫大な利益が上げられる。こうして蓄積した利益を元手にして持ち船を増やすことができた。これに成功する鍵といえば、船が就航するルートに適した船を造る技術者とのタイアップがひとつ、開業後はその船が安全に運航を続けることがもうひとつの要素だった。

定期航路とは積荷や乗客の有無にかかわらず船を動かすことだから、船主はときの政府からの補助金（郵便運送補助）を受けて経営基盤を確実にしたり、補助金で赤字を埋めるのが普通であった。

北米大陸の東部には木材資源が豊富だったので、木造帆船はアメリカで発達した。これに対してイギリスでは産業革命期から炭鉱業と製鉄業が発達して、蒸気機関が陸上産業に採用されていた。いわ

ゆる《機械時代》であったので、幾隻もの蒸気船が生まれる条件が備わり、造船やエンジン製作の面で際立ったイギリス人技術者を輩出していた。イギリス政府としては世界にひろがる植民地との連絡を迅速に行うのが重要な課題であったので、運航が正確な蒸気船に大きな関心を懐いていた。このような関連から蒸気船はイギリスで生まれ、イギリスの造船、海運業者が育て発展させたのは自然の成り行きであった。

定期客船サービスの桧舞台はなんといっても北大西洋である。19世紀中葉の北大西洋に自分で考案した蒸気船を投入して華々しく競争を繰り広げたイギリスとアメリカの船主2人の軌跡を紹介したい。その2人とはサミュエル・キュナード Samuel Cunard（1787〜1865＝以下キュナード）、エドワード・コリンズ Edward Knight Collins（1802〜1878＝以下コリンズ）である。年齢のひらきはあるが、北大西洋に蒸気船を浮かべたのはそれぞれキュナードが1840年、コリンズ1850年である。

これら2人に共通するのは、徒手空拳でなく、父親や知人が経営する事業の見習いから始まる帆船業務を習得したのち、蒸気船事業に乗り出したことである。それまでの北大西洋では帆船が唯一の輸送手段で、英米両国の政府から郵便運送の名目で支給される補助金が経営の柱となっていた。帆船のなかには単に輸送貨物を引き受けるだけでなく、この当時の荷物の多くを占めていたアメリカ綿花や木材（帆船建造資材）などを船主自身が買い入れて目的地で売りさばくことも行っていた。だから、場合によって膨大な利益を手にすることもできたわけで、それが蒸気船への巨額な投資を可能にしていたと考えられる。

キュナードは堅実一途に船隊を拡張し、コリンズはイギリス船の独占に挑戦して他社を凌ぐアメリカ船を就航させてキュナードに競

争を挑んだ。両者の軌跡の対照はきわめてドラマティックで、後世の人びとの眼からは興味が尽きない。

定期蒸気船のパイオニア、サミュエル・キュナード

キュナードが蒸気船事業を始めた1840年から10年遅れて、コリンズがこれに続いて競争を挑むという構図である。

キュナードが他のイギリス船主と比べて変わっているのはカナダ出身ということである。ドイツ系クェーカー教徒（絶対平和主義をとるプロテスタントの一派）一家出身で、父親エイブラハムの息子

サミュエル・キュナード

としてハリファックスに生まれた。この地には教育施設がなく、10代から父親が勤務するハリファックス・ドックヤードで働くいっぽう、独学で知識を習得する聡明で熱心な人物であったと記されている。

のちに父親が設立した Abraham & Son 社に加わって木材事業を始める。1806年に発布されたナポレオンの大陸封鎖令でイギリスへの物資供給が不如意になると、カナダ産製材の価格も上昇する。父親エイブラハムとサミュエルの会社はライバルと競いながら、製材をイギリス本国に販売して巨利を得る。また所有の帆船を使ってカナダ〜ボストン〜バミューダ間で製材、糖蜜などを輸送、イギリス政府から郵便輸送補助金を受けていた。

1815年、キュナードが28歳のときハリファックス実業家の娘スーザンと結婚し、息子2人と7人もの娘を持った。結婚翌年の1816年

には米英戦争（1812〜1814）の終結により、北米大陸への移民が増え始める。その3年後にはアレキサンダー・アラン船長が所有、操船する帆船「ジーン Jean」がカナダに移民輸送するという宣伝広告が流れていた。これがアラン・ファミリーによる北大西洋定期の始まりであった。同年の1819年、「サヴァンナ Savannah」が史上最初の蒸気船として北大西洋を横断する。帆船では6〜7週間もかかる北大西洋横断の問題を解決する可能性を蒸気船の将来性に着目したとき、キュナードは32歳であった。しかしこの年にはハリファックス捕鯨会社を設立してブラジル沖で捕鯨業にとりかかるなど多忙な日を送っていた。

この間、キュナードはイギリス本国へ行き、東インド会社のハリファックス代理店契約を獲得している。これでハリファックスのキュナード埠頭に着岸する東インド会社の帆船から中国茶が荷揚げされ、ハリファックスからは同社の帆船に必要な武器や帆桁（帆を張るためマストの上に横にわたした木材）用の材木が出荷されていた。

このような活動で富裕な実業家となったキュナードは多彩な地域活動にも傾注したから、ハリファックスの名士となった。このことはキュナードが海運業で大飛躍する基盤となる。こうしてキュナードは34歳でハリファックス〜バミューダ間を帆船40隻で運送を行う船主となるが、16年後の1837年には数多の帆船を傘下におく億万長者となっていた。

1824年、キュナードは37歳で Abraham & Son 社の代表者となるが、帆船業のほかにノヴァ・スコシア商工会議所の会頭やブリティッシュ・ノース・アメリカ銀行役員などにもなって多忙をきわめていた。そのうち徐々ながら蒸気船の姿が北大西洋に現れる。キュナードが初めて乗船したのは「ロイヤル・ウィリアム Royal

William」という364トンの蒸気船であった。この船はカナダ船主がケベック〜モントリオール間のセント・ローレンス河用に建造したが、事業がうまくゆかずイギリスに買手を見つけるため北大西洋に向かった。1833年8月5日、ケベックを出航した「ロイヤル・ウィリアム」にはわずか7名の乗客しかなかったが、そのなかにはキュナードの姿があった。船はボイラー掃除のため1日だけ帆走したのを除けば、荒天航海をしながら蒸気機関を回し続け、1か月後にテムズ河に到着した。その実績を見てキュナードは蒸気船の将来性を確信していた。

1838年には蒸気船の将来を占う決定的な事が起こる。イザンバード・ブルーネルが船体とエンジンを設計した「グレート・ウェスタン Great Western」(1,320総トン) がブリストル〜ニューヨーク間に就航したのである。1隻だけの配船であったが、15日5時間で横断する航海は誰の目にも確かな将来性を感じさせた。(§1参照)

定期蒸気船隊の実現

英本国〜北米間の郵便運送はイギリス海軍省が帆船に運送補助を行っていたが、「グレート・ウェスタン」の就航に接して蒸気船のメリットを認識しつつあった。それで1838年11月になり、蒸気船による郵便運送の入札を公示する。

ここでキュナードの人物像を浮かび上がらせてみよう。イギリス海軍省の入札公示を知ったキュナードが1839年初頭に単身渡英したときは51歳になっていた。ロンドンでのパーティでキュナードに会った当時の女優ファニー・ケンプルの言葉を借りると、《人見知りであまり喋らぬ、少し泥臭い感じの人だった》という。しかしこの小柄な紳士をよく観察すると、ナポレオンのような自信をうちに潜めた、相手が誰だろうと、何事でも自分の意のとおりに進めるカ

持ち前の熱心さで海軍省を説得、1840年5月1日から7年間、リヴァプール〜ハリファックス〜ボストン間に2週間に1便の割合で蒸気船4隻を就航させる提案を行った。キュナードが提示した郵便運送料金が「グレート・ウェスタン」のものより低額だったこともあり、キュナードが落札、年5万ポンドの補助が支給されることになった。

このときにちょっとした事が起こった。キュナードがスコットランド人と組んで、冒険的な計画を実行しようとしていることに対して、お膝もとのイングランド人たちが苦情を出したことである。彼らは海軍省に手紙を送り、『かような運送契約はイングランド人に与えられるのが社会的である』と申し述べる。しかしこの苦情はタイミングが遅かったので却下されていた。

肝心の新船建造だが、東インド会社の役員ジェームス・メルヴィルを通じてロバート・ネイピア（1791〜1876）の知遇を得ていた。ネイピアはエンジン製作を専門とするグラスゴーの技師で、その盛名により後年には《クライド造船業の父》と呼ばれたほどの人物だった。キュナードとネイピアはグラスゴーで初対面したが、そのときキュナードはこう約束したという。「貴殿が新船のエンジンを設計するにあたり、それが信頼のおける新技術なら、どのようなものでも採り入れて構わない」という言葉がネイピアの野心に火をつけた。

ロバート・ネイピア

これより少しまえ、キュナードはロンドン滞在中に次のような手紙をネイピアに送っている。『リヴァプールとロンドンの造船業者から建造希望が寄せられているが、私が「すでにスコットランドで契約を済ませた」と答えると、「それでは到底堅固な船はできないだろうし、期限にも間に合わぬだろう」と言ってきた』。

当時のイギリスでは造船所は古くからイングランド地方に集まっており、当地の人たちは文明の浅いスコットランドの技術力を見くびっていたのである。

この当時、イングランド地方にあるロンドン、マンチェスターなどの都市が政治経済の中心地であった。だから、イングランド人は18世紀になるまで《外国》であったスコットランドの地方と住民を見下していた。蒸気機関の設計実績のあるネイピアであったが、彼がスコットランド人ということで「道楽半分に機械を作っている田舎の鍛冶屋の子倅でないか」と、その手腕を認めようとしなかった。ネイピアはカナダ人のキュナードにアプローチされ、イングランド人への敵愾心からキュナードの誘いに応じたとも考えられる。

新船の技術的研究に余念がなかったネイピアは、グラスゴーとベルファースト間を蒸気船で幾度も往復して、あらゆる海象条件での船の操縦性や凌波性（荒波のなかでの船の進み具合）をチェックして、北大西洋を渡る蒸気船の最適サイズと馬力などを研究していた。キュナードがネイピアに持ち込んだ計画は900トン、300馬力の蒸気船4隻を揃えるものであった。しかしネイピアは「原案の船ではサイズと馬力が不足している。海象のきびしい北大西洋を定期航海するには1,100トン、420馬力の船4隻を揃えるべきだ」と力説した。いっぽうボストンの友人から「船をハリファックスで止めず、ボストンまで延航してはどうか」との提案がきていた。

結局、ネイピアのアイディアとボストン延航を含めた提案が海軍

省に出される。大型化した4隻で2週間に1便のサービスを実施するものだった。海軍省はこれを認め、補助金を年6万ポンドに増額する。

建造費の増加分についてはネイピア側の利益も削るほか、財界から資金援助を仰ぐべくネイピアも奔走する。

このときロンドン、リヴァプールの資本家からは一切協力がなかった。大型蒸気船4隻という大投資が話題を呼んでいたが、歴史の浅いスコットランドの造船業に対して、テムズ河で育ったイングランドの造船界が蔑視と嫉妬したからとされている。

新船4隻はネイピアが元請けして、エンジンは自分のところで造るが、船体はクライド河畔にある複数の造船所に下請けに出されていた。

1840年、ブリティッシュ＆ノース・アメリカン汽船会社 British & North American Royal Mail Steam Packet Co. が設立される。長い名前の会社は間もなくキュナード・ラインと通称されるが、その経営にはネイピアがキュナードに紹介したグラスゴーの投資家で帆船オーナーのジョージ・バーンズ George Burns（1795〜1890）と、リヴァプールのデイヴィッド・マッキーヴァー David MacIver（1845年死去後は弟チャールズが継承）が加わっていた。キュナードは北米側ターミナルのハリファックスとボストンでの準備を行ういっぽう、バーンズは造船所との交渉と建造監督を、マッキーヴァーは母港となるリヴァプールでの立ち上げ業務を引き受けた。

キュナードの蒸気船事業が問題なく進められたように思われるが、当時の北大西洋での事情を仔細に見ると、非常に冒険的な事業であったことが分かる。永年のあいだ北大西洋横断サービスで圧倒的な地位を占めていた帆船のあいだを縫うように、冒険精神に富む起業家が蒸気船をぼつぼつ始めていた。キュナードはこの荒海に乗

り出したのである。技術的にも営業面でも未知数の蒸気船で定期航海に乗りだしたわけだから、最初から政府補助を前提にしていた。

ロバート・ネイピアについて付言したい。当時の海軍省や議会は地元のイングランド業界を贔屓(ひいき)するあまり、スコットランド造船界に対して好意的でなく、議会でもクライド河畔で製造された蒸気機関に難癖をつけていた。しかし、ネイピアが提出した自作エンジンのデータがテムズ河畔で製作されたものよりも性能がよく、低コストだったことから、保守的な海軍省もキュナードの新船への搭載をしぶしぶ認めたという。

キュナードの船は木造であったが、この頃には鉄船が出現しつつあった。鉄船時代の到来を予感したネイピアは1840年にゴーヴァンに土地を手当てして造船業への進出を決めていた。1842年には親戚筋にあたるウィリアム・デニー（1779～1854、スタビライザーに名を遺す）が参加して、イギリス海軍からも砲艦を受注していた。

ネイピア自身はそれから20年後、造船から身を引いていたものの、イギリス以外の国とさまざまな面で関係を持ち続ける。1867年のパリ万博ではナポレオン３世からコミッショナーに任命されるなど、欧州の国々から依頼されてコンサルタント業務も引き受けている。これらの功績によりフランスからレジオン・ド・ヌールを受章、デンマーク政府からも顕彰されたりしたが、自分自身が海軍の近代化に尽くした母国のイギリスからは一切無視されていた。75歳で死去したとき、グラスゴーとゴーヴァンの造船所からきた1,400人もの従業員が柩(ひつぎ)に付き添い、在港する船舶は半旗を掲揚し、街の教会では死者を弔う鐘の響きが１時間も鳴り止まなかったという。

ブリタニアの就航

かくて1840年7月4日＝偶然にもアメリカ独立記念日だった＝キュナード・ラインの第1船「ブリタニア Britannia」（1,156総トン）はリヴァプール市民多数の歓呼の声に送られ、ハリファックス経由、ボストンに向けて解纜(かいらん)（ともづなを解く意で、船が出帆すること）した。轟々と外輪を響かせて北大西洋に乗りだした「ブリタニア」には定員（124名）の半分の63名しか乗っていなかったが、愛嬢アンを連れたキュナードの姿もあった。普通の実業人なら引退して悠々自適の日々を送っているところだが、50歳を過ぎて再び大事業に賭ける緊張した表情のなかに、最新鋭船のオーナーとしての得意さが浮かんでいた筈である。

航海中のキュナードは漫然と船旅を楽しんでいたわけではない。船内を歩き回ってどこか不具合はないか、改善すべき点はないかと

リヴァプールを出航するブリタニア

目を光らせていた。機関部員にはエンジン操作にまで細かい指示を出していた。曰く、燃料炭節約のためボイラー焚き口を極力閉じておくこと、ボイラーの蒸気を定時に排出させること、エンジン回転数を航海日誌に記録すること、などである。また、船長には前もって手紙を送り、「最も大切なことは決められたスピードで安全に航海する役割を果たすこと、良い舵取りと見張り、少しの風でも利用する、船内の火元と荒波に注意する」よう指示していた。スピードと安全というしばしば相反する要素をうまく調和させて航海することが、それ以後、キュナード・ライン船長の規範となった。

リヴァプール出航後の所要日数はハリファックスまで12日10時間、ボストンまでは14日8時間であった。待ちに待った蒸気定期船であったので、ボストン市民が大歓迎する光景がくりひろげられたのは当然のことだった。

キュナード船隊が現れるまでの郵便帆船はイギリス植民地であるハリファックスまでしか来航せず、イギリスからの移民の街であるボストン行きの郵便は、ハリファックスでフィーダー船に積みかえて運ばれていた。これには自国から独立して離れていった新興国に対するイギリス本国の底意地があったのかもしれないが、これは《ボストンを軽視するものだ》と誇り高いボストニアンの内心は穏やかでなかった。キュナードはこの点に着目していた。

ボストンではキュナードを迎える大歓迎が待ち受けていた。「ブリタニア」が港頭に姿を現すや、祝砲と楽団演奏が待ち構えていた。ニューイングランド地方から主だった市長、外国領事団、政治家らが先頭に立ってパレードを始める。次には2千人もの招待客が集まる晩餐会が待ち受けていた。出席者は異口同音に「メイフラワー（注：イギリスを脱出した清教徒100人を乗せた180トンの帆船）以来の価値ある横断航海だ」と誉めそやした。この《キュナー

ド・フェスティバル》は延々5時間も続いたといわれる。また1週間の滞在中、キュナードには1,800もの晩餐会招待状が舞い込んだという。

ボストン市はこの寄港に感謝して、「ブリタニア」の船影を刻んだ純銀のトロフィーをキュナードに贈った。時価5千ポンドという破格のもので、市民2,500人からの拠金で作られていた。さらに、キュナード・ラインが使用する埠頭使用料を20年間も免除する特典まで与えていた。

ボストン港ではさらに感動的な出来事が起こる。1884年2月、「ブリタニア」は入港したが、厳冬で船長の懸念どおり、出航日が近づくにつれ港内には氷が張りつめていた。このとき、感動的な光景が船長の眼前に展開した。幾千人ものボストン市民がボランティアとなり、頑丈な鋤を手に集まってきて、氷を割り始めたのである。幾日かののち、遂に幅30メートル、長さ11キロもの水路が前面

氷結したボストンから出航するブリタニア

に出現した。船長はあふれる感激を抑えながら、厳粛に出航命令を出した。

キュナードが定期サービス計画を発表したとき、多くのイギリス人からは《リヴァプールから北米に蒸気船を定期的に走らすとは、まるで月に行くようなものだ》と揶揄されて、同業者からも成功を疑われていた。しかしキュナードの計画は実現への一歩を着実に踏み出していた。

「ブリタニア」の乗客設備だが、船体中央に1等と2等キャビン、その後ろに3等の夫婦用キャビン、さらに後ろに3等婦人室があり、3等男子船室は船の前部に鉄板で隔離されていた。航海中に必要な牛乳を供給するため、何頭かの牛も乗せていた。貨物容量は225トン、燃料炭スペースは17日分の航海に足る640トンであった。

1等客には粗末ながらベッドがあり、3等客はキャンバスを張った仮設カイコ棚だったが、金に余裕ある客は藁のマットレスを持って乗船し、目的地へ到着寸前に海に捨てていたという。

3等船客の情景

帆船航海では3等客の食事は自弁で、船上で自炊していたという。蒸気船での記録は残っていないが、船上での自炊は火災の危険があることから、船側が供食していたと思われる。キュナード・ラインより10年遅れて北大西洋に進出したインマン・ラインの食事記録がある。これによる

ディケンズが描いた船室

と、3等運賃3ポンドのなかに、三度の食事にタオルと石鹸が支給されていた。メニューは朝がコーヒー、砂糖にパン、昼が肉200グラム、ポテト、干し葡萄と糖蜜入りのプディング、夜はビスケットにお茶だけというものである。

イギリスの作家チャールス・ディケンズが1842年に「ブリタニア」で大西洋を渡っているが、そのときの印象を記した日記には、『まず船室に入って狭いことに驚いた。旅行カバンを収めるときの手間は、キリンを花瓶に引っ張りこむようなものだった。食堂は窓付きの霊柩車のようで、メイン・ディッシュは煮過ぎて黄ばんだ羊の脚とか、カビっぽい林檎、葡萄、オレンジだった』と辛い点数がつけられている。

キュナードは定期サービスをキチンと実行できるように気を配った反面、客室設備はきわめて質素なものだった。帆船で20日以上もかかった大西洋横断が蒸気船の出現で2週間に短縮されたとはいえ、食肉は塩漬けにして日もちさせる程度の貯蔵技術しかなかった

から、ディケンズの苦情はどうしようもないものだった。しかし、キュナードの質素第一の路線は、ライバルとの競争を勝ち抜く武器になっていたのである。

「ブリタニア」ほか3隻は驚くべき正確さで運航されたが、キュナードはコスト見積もりが甘かったことに気付く。それで1941年9月、海軍省に補助金増額を要請する。1840年に勃発したアヘン戦争で、海軍省は蒸気船の価値が分かり、船隊を1隻増やすこと、有事に徴用できることを条件に、補助金額が8万1千ポンドに増額された。こうして「ハイバーニア Hibernia」（1843年竣工）を加えた6隻でのサービスは強固なものとなり、英米のライバル（British North Atlantic 汽船、オーシャン・ライン）を蹴落とすようになる。1848年からは大型の「アメリカ America」クラス（1,800総トン）4隻が代替建造され、ニューヨークまで延航していた。

北大西洋での地位確立とライバルの出現

キュナードが北大西洋での定期蒸気船の就航準備に奔走している1838年には、10年後に強力なライバルとなるアメリカの帆船船主エドワード・コリンズが、イギリス向けアメリカ綿花輸送で利益を上げている最中であった。キュナード・ラインそのものはイギリス海軍省からの郵便運送補助に支えられて伸張を続けていた。

他の船と同じく、キュナード・ライナーは木造船体、外輪推進であり、キュナード自身も操船が容易な外輪推進に執着していた。しかし技術進歩とネイピアの推奨があったと思うが、スクリュー推進の鉄船への切り換えに踏み切ることとなる。最初の船は1853年に竣工した「トーラス Taurus」と「メリタ Melita」である。キュナード最初の革新船ということで慎重になったのか、在来船隊が2千トンを超えていたのに、これら2隻は1千余トンしかなかった。なお

「メリタ」がウィリアム・デニー（注：ネイピアの親戚）の造船所で建造されていたことから、ネイピアとの関わりが窺われる。

木造帆船に使用する木材は北米大陸で伐り出される材木が使われていた。そのうちイギリス国内で産出される石炭と砂鉄によって鉄板が製造されるようになると、鉄船ができるようになった。スクリュー推進も、揚水機などの陸上機械に端を発した蒸気機関によって得られる回転運動で実現したものだが、推進効率の向上だけでなく、船内スペースの有効利用への道もひらけたのである。

1853年にクリミア戦争が勃発すると、キュナードはただちに持ち船13隻（うち2隻は病院船）を御用船に提供したので、戦時中の北大西洋サービスは1年以上中断の止むなきにいたる。この挺身によって戦争終了後にキュナードはヴィクトリア女王から準男爵に列せられている。この12年前、コリンズはアメリカ連邦政府の補助を受け、蒸気船4隻を使ってニューヨーク〜リヴァプール間に2週間1便のサービスに乗り出していた。しかしキュナードが授爵される頃にはコリンズ・ラインは破産寸前になるというドラマティックな展開が待っていた。

キュナード・ライナーの運航実績に満足したイギリス海軍省はさらにバックアップの度を強める。1858年からキュナードは定期船8隻でリヴァプール〜ニューヨーク間をウィークリー・サービス、ハリファックス、ボストンへは2週1便を実施していた。

すでに述べたように、キュナード・ラインの実現と発展の基礎を作ったのはキュナードだけでない。グラスゴーのロバート・ネイピアとジョージ・バーンズ、リヴァプールのデイヴィッド・マッキーヴァーの3人である。1858年にはジョージ・バーンズが引退、キュナードはその後イギリスに移住していた。1860年、強力なライバルだったコリンズ・ラインが破産するが、そのときキュナード・ライ

ンは北大西洋で独占的な地位を築いていた。こうしてサミュエル・キュナードは1865年、イギリスで78歳の生涯を閉じていた。

その後のキュナード・ラインは後継者を得て北大西洋を中心とする航路網を整備、大英帝国が遭着した数々の戦乱と紛争に挺身して、世界一の客船会社として名を挙げた。1998年からはアメリカ資本の傘下に入ったものの、Cunard Line という伝統的な名前でクルーズ界に重きをなしている。

追記：1934年、キュナード・ラインはホワイト・スター・ラインと合併してキュナード・ホワイト・スター・ラインとなり、1971年、トラファルガー・ハウス社の傘下に入り、1998年、アメリカのカーニヴァル・グループ傘下に入り現在に至る。2015年現在の船隊は「クィーン・メリー２」（148,528総トン、2004年建造）、「クィーン・ヴィクトリア」（90,049総トン、2007年建造）、「クィーン・エリザベス」（90,901総トン、2010年建造）の３隻

キュナードのライバルとなるコリンズの出現

サミュエル・キュナードと並び北大西洋の海運界に一時代を画したエドワード・コリンズ（1802〜1878＝以下コリンズ）は蒸気船事業に突如おどり出たわけでない。アメリカ南部の綿花集散地チャールストンとニューヨークを結ぶ帆船輸送を始めとし、ニューヨークとリヴァプールを結ぶ高速帆船による定期サービス実績の積み重ねが蒸気船経営につながっていたのである。

エドワード・コリンズ

この時代、北大西洋の物と人の流れは次のようなものであった。アフリカから多くの奴隷がアメリカ南部に運ばれて綿花畑の労働力になっていた。その地で栽培された綿花は小型帆船でニューヨーク

に送られ、そこから紡績、紡織の原料として大型帆船でイギリスに運ばれる。こうして作られたランカシャー（イングランド北西部）の綿織物はアフリカに輸出されるという三角貿易であった。この流れのなかでコリンズはアメリカ南部からニューヨークまでの綿花輸送に関わっていた。

帆船事業へ

キュナードより15歳若いコリンズは1802年、マサチューセッツ州ケープ・コッドの町トゥルーロに生まれた。町の近くには「メイフラワー Mayflower」の清教徒が上陸した場所（プロヴィンスタウン）がある。ニューヨークに出たコリンズはキュナードと同じく商社の使い走りで働くうち、帆船に興味を持つ。仕事を終えると出入りする色々な姿の帆船に見とれる毎日だった。そして、いつの日にか自分の帆船で北大西洋航路を経営しようと夢見るようになる。

いくつかの会社を転々とするうちに、J・F・デラプレーンという商社に勤める。この会社はニューヨークと西インド諸島間を小型帆船で綿花などを運んでいた。コリンズはこの帆船のスーパーカーゴ[1]（上乗り）の職を得て、カリブ海と北米東岸のあいだを幾度となく往復する。

少年時代から船を見ながら育った彼は、船の構造やスタイルに深い興味を持つようになり、カリブ海ルートに適した帆船のデザインを研究していた。この時期、ニューヨーク港の光景は、イースト・リバー沿いに製材所（帆船用の木材を製材する）と造船所がびっしりと並ぶものだった。河口付近のサウス・ストリート（注：いまこの場所にはサウス・ストリート博物館があり、保存帆船「ペキン」

1）スーパーカーゴ supercargo（貨物上乗り人）：船に便乗して船荷の積卸しやその監督を行う

などが係留されている）の埠頭には帆船のマストが林立し、道路には荷車や馬車が忙しく往来していた。

18世紀半ばにイギリスで起こった産業革命により生産効率が次第に向上し、19世紀半ばには産業界のあちこちで生産過剰が起こっていた。イギリスでは余った生産物のはけ口を新大陸アメリカや極東の植民地に求めていた。またヨーロッパ大陸では、1848年にフランスで２月革命、ベルリンやウィーンでは３月革命が起こるなど、世情が騒然としていた。このような社会不安を避けて国外、とくに新大陸に脱出する人の波が起こりつつあった。時を同じくしてアメリカでは、カリフォルニアの金鉱発見により、一攫千金を夢見て大西洋をわたる人びとの数が増加の一途をたどっていた。

コリンズはニューヨークに出入りする帆船の船長からヨーロッパ大陸側の事情を聞く機会に恵まれる。それら情報のなかで興味を惹いたのは、旧大陸から新大陸に流れる移民のことであった。「あと10年もすればアメリカを目指す移民ラッシュ時代が来る」と船長は言っていた。コリンズは「今後はさらにたくさんの移民船が必要になるから、より大型、快速の船を使えば、移民を運んでいる英米船と充分に競争できる」と考えた。そのときコリンズの頭にひらめいた着想が将来の行き方を決めたばかりでなく、結局はその後に華々しく起業するコリンズ・ラインの命とりにもなる。

演劇に関連した社名のドラマティック・ライン

《ミシシッピ河遊覧船＝ショウボートのような乗客設備を北大西洋で実現する》これがコリンズの考えたことであった。その考えは「今の移民船の設備は惨めなものだから、たとえ移民であってももっと良い船室に入れるなら料金が少々高くても乗船するに違いない」というものだった。さらにその着想の鋭いところは《今後の競

争では定時性＝発表した期日どおりに発着できること＝とともに船の高速性が鍵となる》と判断したことである。

こうして1835年、コリンズは自分の経営方針に基づいて、帆船5隻でニューヨーク〜リヴァプールを結ぶドラマティック・ラインを設立する。コリンズが33歳の若さのときであった。

新帆船の建造にいたるエピソードを紹介したい。コリンズが考えたのは高速が期待できる850総トンの全横帆型帆船であった。当時の航洋帆船といえば4〜500トンのスクーナー（縦帆型帆船）が常識であったから、この考えは父親アイク・コリンズと叔父のジョン・コリンズが肝を潰すほどのものだった。コリンズは両人を説得し、自分で引いた図面を持ってイースト・リバー沿いのブラウン＆ベル造船所に船を発注した。造船所側は図面を見るなり、画期的なアイディアに驚き「造船業を始めてからこんなデザインの船は見たことがない。こんな帆船が海を走れるだろうか」と引き受けを渋った。だが「もしこの新しいデザインが成功すれば、アメリカ海軍に造艦革命を起こす」というコリンズの熱意にほだされて建造に取りかかる。

1836年4月、コリンズの設計になる最初の帆船「シェイクスピア」（827トン）が叔父ジョン・コリンズの指揮で就航、2年後には950トンの新船4隻がニューヨークからリヴァプールへのマンスリー・サービスを開始していた。これらはアメリカ最大の帆船であったので、イギリスに劣等意識を懐いていたアメリカ国民の溜飲を下げたばかりでなく、リヴァプールでも、これまでの帆船にない素晴らしい設備と快速が大評判になった。

コリンズの会社名がドラマティック・ラインだったことはすでに触れたが、その名前のように船名には演劇に縁のある名前が選ばれていた。第2船以下は「シドンズ」（シェイクスピア劇の女優）、

「シェリダン」(劇作家)、「ガリック」(イギリスの俳優)、「ロスシウス」(古代ローマの俳優) というもので、各船の船首には船名人物の胸像 (figurehead) が取り付けられていた。これには社名とともに、強気で劇的に仕事を進めてきたコリンズの性格が表れており、良きにつけ悪しきにつけ、コリンズとコリンズ・ラインのたどる道を象徴していた。

コリンズの帆船による北大西洋横断サービスは順調な滑り出しを見せたが、それから間もない1838年4月、コリンズ海運業の将来の方向付けを決定する出来事が起こる。英米の帆装蒸気船2隻[2]がニューヨークまでの早着競争を繰り広げたすえ、両船とも2週間内外の日数で北大西洋を横断したことである。当時の帆船では20日(東航) から26日 (西航) なのが普通だった。もし蒸気船サービスが軌道に乗れば帆船はたちまち競争に負けてしまう。蒸気機関を動かす燃料 (石炭) はイギリスには豊富にある。アメリカでは豊富な森林資源ゆえに帆船が発達したが、反面、帆船業から抜けきれない。このような問題点を早くもコリンズは読みとった。

蒸気船への志向

この頃、北大西洋をはさむ人と物の流れは、欧州からアメリカへは移民が渡り、その逆方向にはイギリスをはじめとして、増加する欧州の人口のために小麦が大量に動いていた。この豊富な交通市場をイギリス船の独占にしておく理由はない。アメリカ側も断然、蒸気船を揃えて移民と荷物輸送の分け前を得るべきだ、とコリンズが考えたのは当然のことであった。

コリンズがとった行動は、ときの大統領ヴァン・ビューレンに自

---

2)「シリウス」と「グレート・ウェスタン」(p.6参照)

分の計画を述べて政府援助を仰ぐことだった。ところが当時のアメリカ政治家たちは、大陸横断鉄道を建設して西部へ開拓を進めていくことに頭が一杯で、金融界も鉄道会社への援助を最優先していた。

熱意を含んだコリンズの説明を聞いたのち、大統領は「コリンズ君、お互いに時間の無駄だったね。これだけははっきりしておこう。わがアメリカ合衆国に海軍は不要なのだ。まして蒸気船においておやだ。私にはこんな阿呆らしい話に耳を貸している暇はない。さようなら」と言って突き放した。

折もおり、サミュエル・キュナードの定期蒸気船「ブリタニア」がボストンに入港したとき、歓迎ディナー招待客のなかにコリンズがいた。自分が前から考えていたことへの羨望の念で胸が一杯になり、ボストン市長の乾杯発声のシャンペンを辛うじて飲み干していた。

ニューヨークに戻ったコリンズは《これではイギリス勢にしてやられてしまう。そうなるとアメリカ商船隊は壊滅するだろう。何とか手を打たねばならぬ》と直感する。叔父たちを前にニューヨーク〜リヴァプール間を10日以内で結ぶ蒸気船計画を打ち明けるが、「大統領と議会の協力がなければ到底だめだ」と計画を訝（いぶか）るだけだった。

しかしコリンズに同調する上院議員がいた。ジョージア州のキング議員、テキサス州のラスク議員らがキュナード蒸気船の就航に脅威を感じ、外国の脅威からアメリカ海運を守るべし、との声を出しつつあった。ほかにもデラウェア州出身のベヤード議員のように「コリンズへの補助はサミュエル・キュナードというイギリス人を完全に負かすための手段だ」という主張も出てきた。

コリンズ・ライン誕生

　議員たちのバックアップで、《アメリカの郵便はアメリカ船で》のスローガンで、蒸気船の建造と政府補助を実現する法案の成立運動が始まる。コリンズと南部出身議員の精力的なロビー活動が奏功し、上院で大議論のすえ、政府補助の実現に漕ぎつける。1847年のことで、《年間38万5千ドルの郵便運送名目の運航補助を10年間与えるかわりに、ニューヨーク〜リヴァプール間を10日以内で結ぶ定期サービスを年間20航海行うべし》と命令してこれが許可された。

　造船所は以前から帆船建造を引受けていたブラウン＆ベル社。キュナードがロバート・ネイピアと組んだように、コリンズの計画実現の裏にはジェームス・ブラウン、ジョージ・スティアーズなどの技術者がいた。1850年、コリンズ・ライン（正式名は New York & Liverpool Unites States' Mail Steamship Co.）を設立するが、新会社への出資や運転資金の融資はブラウン＆ベル社が面倒をみてい

アトランティック

た。

このような経緯でコリンズ・ラインの蒸気船「アトランティック Atlantic」(2,860総トン) を第1船とする姉妹船4隻が1850年4月から11月にかけて北大西洋に登場する。キュナードの第1船登場から10年後のことであった。「アトランティック」は1850年4月27日にニューヨークを出航するが、横断には13日かかっていた。外輪の一部が氷山で破損したのが原因だった。同年7月には9日20時間30分（平均速力12.3ノット）で横断し、キュナード船「カナダ」の記録を破る。それから2年間、コリンズ客船はキュナード客船と競いながら横断記録を更新していったのである。

リヴァプールに姿を見せた「アトランティック」は人びとに新しいショックを与えた。漆黒の船体には赤色のベルトが巻かれ、直立船首は楔（くさび）のように鋭くとがり、優美なカーブで包まれた船尾には金色の鷲の像があった。頂部が赤に塗られた巨大な煙突はマストの半分にも達するほど長大だった。頂部が黒で赤煙突のキュナード船と反対の煙突塗装だったのは、コリンズの対抗意識の表れだと人びとはうわさした。

アトランティックの女性専用ラウンジ

「アトランティック」の外観は見る人に新鮮な刺激を与えたが、船内に入ると、これが驚きに変わる。全く新しい設備や試みがなされていたからである。ニューヨークの冷気を払うかのように船内は蒸気で暖房され、テーブル、ソファ、カーペットの贅沢さは、まるでミシシッピ河のショウボートのなかにいる錯覚さえ起こさせた。西部劇映画に散髪シーンがよく出るが、アメリカ人にとっては豪華な理髪店でくつろぐのがファッションであった。この心理を読むかのように、「アトランティック」にはフルコースの理髪室があった。また、キャビン（個室）では紐を引くとベルが鳴ってスチュワードが飛んでくる、などの工夫もこれまでの客船にないものだった。

　キュナード船では防火に配慮して喫煙は露天甲板に決められていた。コリンズは自分の航海経験から、愛煙家にはこれが苦痛だと気付いていた。それで、コリンズ船には専用の喫煙室が作られ、当時流行の噛みタバコ用の痰壷まで置いてあった。

　コリンズが自社船の設備をこのように豪華にしたのは、それなりの理由があった。以前、欧州からニューヨークへ押しかけてくる多くの移民を乗せた船を見学したとき、乗客設備の低劣さに驚いて同情を感じていた。だから設備をできるだけ良くして、人間尊重の精神に徹しようとしたといわれる。とはいえ、ドラマチックな舞台演出を好むコリンズの性向が働いていたことは間違いない。この点では、キュナードがネイピアに新船を発注するとき、「船室のつくりは質素にしてくれ、そうすればコスト節約ができるから」と指示したのと対照的である。

　「アトランティック」のデッキは、帆船のような曲面（梁矢 camber）でなくフラットに造られていた。ボイラーは当時最大の蒸気圧を出し、これが800馬力という大出力のサイド・レバー・エンジ

ンによって、外輪を1分間15回転で駆動、12ノット（時速22キロ）を出していた。石炭消費は1日80トンで、乗客定員は1等200名、2等80名。1隻の建造価格は6万5千ドルといわれた。

　こののちコリンズは、社船1隻をポトマック河畔に横付けして上下院議員など2千名を招待して大パーティを開いている。ゲストのなかにはコリンズ・ラインへの助成に反対した議員もいたが、豪華な船上の雰囲気と桁外れのご馳走に圧倒されて反対の声は消えてしまい、「この船は戦時には海軍のもとで威力を発揮するだろう」とか、「この船が運ぶ郵便料金収入で助成金の元が取れよう」などの賛成論ばかりだった。確かに《これで大国アメリカの名誉が保たれる》との満足感を誰もが感じる結果になっていた。

　コリンズがこのようなドラマチックな演出をしたのには充分な理由があった。高速で走るから燃料費が莫大なゆえに、エンジンを痛めつけるから修理費がかさみ、運賃収入からの利益を消す一方であった。だから政府補助をさらに引っ張りだす手段なのであった。コリンズの巧妙な運動により、1852年から助成金は2倍以上に増えた85万3千ドルになっていた。このとき、ニューヨークの新聞は次のように述べている。『道理と国民の誇りが、誤った目先のきかない経済観念を押しのけた。わが国の蒸気船事業の優秀さゆえに、国内の某州や特定個人の嫉視や外国船社の邪魔に屈することがなかった』。なお、キュナード・ラインへの助成金は1839年5万ポンドから1841年には8万14ポンドに増額されていた。

　この時期、キュナード・ラインのチャールズ・マッキヴァーは「コリンズの派手なやり方はキュナードの家に金貨を投げつけて窓を割るようなものだが、結局非常に高くついて続けられなくなるだろう」と冷ややかに見守っていた。この観測が正しかったことはその後に証明される。

コリンズの新船は設備も性能もキュナード船に優っていたので、乗客数はキュナード・ラインを凌駕する。1850年1〜11月間の実績は、リヴァプールからの西航ではキュナードが1,186名、コリンズが1,886名、ニューヨークからの東航は前者の1,783名に対してコリンズは2,420名だった。

ただサービス便数の点ではキュナード・ラインが1852年に2週1便を継続していたのに対し、コリンズは客の少ない冬季シーズンには月1回に減便していた。1853年にクリミア戦争が勃発すると、キュナード船隊はイギリス政府に徴用されたので、コリンズの船は北大西洋で独壇場の強みを発揮していた。

コリンズ・ラインにとってライバルを打ち負かす力の源泉は、今やハイスピードの一点に昇華されていた。どの船も石炭を目一杯に燃やし、エンジンが悲鳴をあげるほど回転を上げ、木造船体を軋ませながら北大西洋を往復していた。それだけに他社船よりも燃料費がかさみ、修繕費も莫大な額にのぼっていた。快速を誇るコリンズの船はキュナード船よりも半日ほど早く目的地に到着するほどだった。ところがこの駿足が不運を呼び、1854年にコリンズの人生に最大の打撃を与えることになる。それは持ち船「アークティック Arctic」（2,860総トン）の遭難という思いがけない形で現れたのである。

「アークティック」の悲劇

この年、コリンズはメアリ夫人と二人の子供（息子と娘）をリヴァプールへ送っていた。祖先の国への里帰りも兼ねたイギリス見物に旅立たせたのである。家族の旅行中、コリンズはサウス・ストリートの事務所で毎晩遅くまで執務しており、そこにはメアリ夫人からの手紙が次々に届いていた。『もう少しであなたのもとに帰れ

ます。どうか働き過ぎないようにして下さい』という文面に繰り返し眼を走らせては、事務所の古いベッドに身体を横たえる毎日だった。こうしているうちの1854年9月20日、帰国する夫人と子供たちを含めた233名の乗客を乗せた「アークティック」はリヴァプールを出帆した。

出航7日後の27日、船はニューファウンドランド南東のレース岬沖に差しかかる。静かな海にはミルクのような濃霧が立ちこめていた。時おり汽笛を鳴らしつつ船はフルスピードで航行していた。そして衝突は、マストの見張り員が叫ぶ間もなく、突然起こった。相手は「ヴェスタ Vesta」というわずか250トンのフランス船。正面衝突なので「ヴェスタ」が沈むかと思われたが、びくともせず去っていった。

反って「アークティック」の船首には破口ができていた。誰もが3千トン近い船が沈むとは思わず、船員が帆布で破口を覆う。ところが排水ポンプの能力以上に海水が流れこみ、機関室にも浸水してエンジンも排水ポンプも止まってしまう。

パニックになった船員が救命ボートへわれ先に乗りこんだので、乗客救助は二の次になってしまった。船は4～5時間で沈没、乗客233名、乗員175名のうち、助かったのはわずか86名という悲惨な結果に終わる。犠牲者のなかにはメアリ夫人と二人の子供も含まれていた。

この悲劇の裏にはきわめて英雄的なエピソードも隠されていた。若い見習船員スチュアート・ホランドが船長の命令を受け、船が沈むまで救難信号砲を撃ち続けて殉職したことである。のちにこの行為は絵に描かれて人びとの涙をそそった。船首に穴が開いた程度で沈むのは不思議に思われるが、「アークティック」の船体には隔壁（バルクヘッド bulkhead：水密構造の仕切り）がなかったのが致命

§2 サミュエル・キュナードとエドワード・コリンズ 55

傷になった。相手船は鉄製船体のうえ、隔壁があったので大事に至らなかったのである。

「アークティック」遭難の報はコリンズのもとに届く。傷心の極

アークティック遭難の絵

救難信号砲を撃ち続けたスチュアート・ホランドの絵

みにあったコリンズがとった行動は、船舶の安全規定を議会で決めるよう陳情文を書くことだった。船舶には船首に白い航海灯だけであったものを、右舷に緑、左舷に赤の灯火をつけて船の進行方向が識別できるようにすべし、というものだった。この方式は直ちに採択され、現在も国際的な規定になっている。

コリンズという人物の凄みは、ただ悲しみのまま過ごしたのでなく、これに打ち勝つべく5隻目の新船を計画したことである。場所はサウス・ストリートのオフィス、コリンズはやおら1枚の図面を取り出した。集まった役員たちにこう宣言する。「皆さん、これが世界最大、最高速で最も豪華な設備の船エイドリアティックです」。コリンズはスティアーズと打合わせてすでに新船の図面を完成させていたのである。

「パシフィック」の遭難

1856年1月にはさらなる悲運がコリンズに覆いかぶさる。北大西洋横断記録も樹立した「パシフィック Pacific」が乗客45名、乗員141名を乗せたまま消息を絶ってしまったのである。「アークティック」遭難から1年半しか経っていなかった。原因は不明だが、事故発生当時に付近を航行していた船の証言で、巨大な氷山に衝突して瞬時に沈没したものと推定された。

コリンズ船2隻の遭難がバルクヘッド欠如にあったことは明らかであった。現代では理解できないことだが、濃霧中の高速航行といい、後世の眼からして疑問に思われる点が多々あるが、このような体験を経て現代の海技レベルに行きついた訳である。

「パシフィック」が遭難した1856年の末になり、コリンズ・ラインは「アトランティック」を休航させてバルクヘッドを取り付ける。この工事が終わると「ボールティック Baltic」にもそれが取り

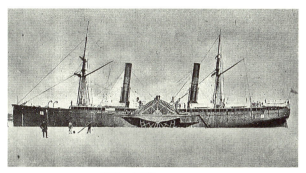

コリンズ最後の豪華船エイドリアティック

付けられている。ところが、それらのバルクヘッドが鉄製でなく木造であったことで、世間から非難の声がわきあがっていた。

　コリンズは「アークティック」と「パシフィック」の代船に1856年「クェイカー・シティ Quaker City」（1,900総トン）を、1857年に「エリクソン Ericsson」（1,920総トン）を用船して凌ぐが、自社船2隻の喪失は会社経営に重大な影響を及ぼしつつあった。

　この間にも「エイドリアティック Adriatic」はスティアーズの造船所で建造が進められ、「パシフィック」遭難の3か月後に進水する。この年、キュナード・ラインはコリンズ・ライン在来船のサイズを上回る「パーシア Persia」（3,300総トン）を就航させていた。だからコリンズは「パーシア」を上回る巨体の「エイドリアティック」（3,670総トン）を建造していたのである。

　こうして「エイドリアティック」は1857年12月、ニューヨークからリヴァプール港に姿を現す。並みいるイギリス人はその巨体と快速（航海速力13ノット）に加えて船内の豪華さに舌を巻いた。《どこの国の船であろうと問題でない。これこそ史上もっとも美しい、汽船のなかの汽船だ》と賞賛を惜しまなかった。だが、これは灯が

消える前の一瞬の輝きにも似た名声であった。コリンズ・ラインは終わりを告げようとしていたのである。この時期、コリンズ・ラインは薄氷を踏むような思いの経営状態だった。

アメリカ議会の変節

「アークティック」と「パシフィック」の連続遭難により、それまで好意的だったアメリカ議会も次第に冷淡になる。ジャーナリズムの口調も豹変する。コリンズ客船がキュナード・ライナーと優勢に立ち向かっていた頃の自慢はケロリと忘れ、コリンズの船を《無駄なスピード・ボート》と非難し始めていた。「このような事になるのなら、アメリカ人は帆船を利用し、危ない蒸気船で海を渡るのはジョンブル（イギリス人のあだ名）に任せておけばよかった」などという無責任な記事も表れる始末だった。

このような世間のムードがコリンズ・ラインへの政府補助の当否を問う道筋につながる。アメリカ国内では奴隷制度をめぐって南北対立が深刻の度を加えていた。コリンズの船は北部の港ニューヨークから出航していたから、《北部の人間と産業だけに利益をもたらす船会社に国民の税金をなぜ使わねばならぬのか》との不満や、《南北戦争になればコリンズの船は北軍の軍用船になって南部攻撃に使われるだろう》との危惧が南部出身の議員のあいだで真面目に論じられるようになる。そして、ついにコリンズ・ラインへの年間補助額85万8千ドルを半減する議員立法が成立してしまう。新船「エイドリアティック」の就航を9か月前に控えた1857年2月のことであった。

この時期にキュナード・ラインはコリンズ・ラインとほぼ同額の補助金をイギリス政府から受給していたが、キュナード船隊はコリンズよりも低コストだったから、これでキュナードの地位は揺るが

ぬものになる。

その終焉

 もともとハイ・コストの高速豪華船を動かすコリンズ・ラインにとって、半分の補助額ではどうしようもない。政府補助を受けていても赤字経営だったから、たちまち行き詰まってしまう。新船「エイドリアティック」は2航海だけで停船を余儀なくされる。翌1858年には、議会はコリンズへの補助を完全に打ち切る。この年の2月、リヴァプールからニューヨークへ向かう「ボールティック Baltic」（2,860総トン）を最終船としてコリンズ・ラインは幕を閉じた。わずか8年の短く華やかな歴史ながら、北大西洋に一閃の光芒を残して消えたのである。

 1858年4月1日の万愚節（April Fool）、コリンズ・ラインの船隊は競売にかけられた。落札者はコリンズ船隊を産みだした造船業者であり、大株主でもあるジェームス・ブラウンであった。ブラウン自身も2年前の「アークティック」遭難で娘と孫二人を喪っていた。

 後世の視点からすると、エドワード・コリンズは自分に降りかかった二つの災難（「アークティック」と「パシフィック」の喪失）から少しも教訓を得ていない。最愛の夫人と息子を喪った悲しみに打ち勝とうとしてか、依怙地が極まり、教訓を得る気持ちの余裕がなかったのかもしれない。

 さしも強気のコリンズも海運業を続ける気力をなくしていた。というよりもアメリカ国内では、海運業よりも投資効果の大きい鉄道や陸上の産業に人びとの関心が移っていたのである。《星条旗をはためかせて北大西洋の貿易に主導権をとり、ひいてはアメリカの貿易に寄与する》のがコリンズの気概であり、政府補助を受けていて

も事業の存在価値があると信じていた。しかし当時のアメリカ人全般にこの考えに同調せよと求めるのは無理であった。

この␣のち、コリンズは母親の故郷オハイオ州に引きこもり、再婚して鉱山開発や石油掘削業などに投資したが、海運業には二度と手を出そうとしなかった。1862年ニューヨーク市に移り住んで余生を過ごしたのち、1878年76歳の生涯を閉じた。マンハッタン島北部にあるブロンクスの共同墓地に葬られている。北大西洋はキュナード・ラインの庭となり、人と物の輸送に断然たる優位を占め、着実に利益を出していた。

手堅く着実に船隊整備を行ったサミュエル・キュナードとは対照的に、エドワード・コリンズの軌跡は、西部劇映画に出てくるような勇壮一辺倒の反面、《船がもつ魅力と魔力》にとり憑かれて《華麗なる凋落》を演じた人生と呼ぶに相応しいものだった。しかしコリンズが海運業に伝説を残したスピードと豪華さを競うやり方は、それを危険な伝統というべきかもしれないが、後世における定期客船サービスでの手法となって、有名客船が続々と輩出することになるのである。

その後のコリンズ船隊の運命に触れる。南部出身の議員が懸念したとおり、「アトランティック」と「ボールティック」は南北戦争で北軍の軍隊輸送船となり、南軍の降伏部隊の輸送を行っていた。「エイドリアティック」は3年間係船されたのち、1861年から2年半、ギャルウェイ・ライン(イギリス系の船社)の手で北大西洋に使われた。「星条旗を掲げた船でイギリス船を見返してやろう」と決意して造った新鋭船がユニオンジャックを翻して同じルートを往来したのは歴史の皮肉でなかろうか。

§3　浅野総一郎
― 日の丸客船で太平洋航路に切り込んだ日本人 ―

太平洋のパイオニア浅野総一郎

　太平洋戦争のまえ、日本を代表する客船会社は日本郵船として知られているが、日本郵船が太平洋航路に本格的に進出する前には東洋汽船があったことを知る人は少なくなりつつある。太平洋航路の桧舞台といわれた極東〜ハワイ〜サンフランシスコ航路に日本の船会社として初めて乗りだしたのが東洋汽船で、日本郵船はその航権を受けついだものである。

　その東洋汽船を機関車のように牽引して太平洋に客船を投入、ナショナル・フラッグ・キャリアーの名を恣(ほしいまま)にした経営者が浅野総一郎である。19世紀中葉、巨船「グレート・イースタン」の建造に精魂をつぎ込んだ I.K. ブルーネル（§1参照）にも比肩されるこの経営者の有りようを紹介したい。

浅野総一郎

　イギリスをはじめ、フランス、ドイツなどによる植民地獲得の野心が下敷きになって経営された欧州〜アジア航路とは対照的に、北米大陸からアジアへの交通は双方の需要と供給が必要条件となった新しい物流と人の流れであった。1853年、アメリカ使節のペリー提督が浦賀に現れたことが太平洋を越え

る交通（この言葉は物流と人の流れの両方を指す）が始まる端緒となる。その6年後の横浜開港、1860年の咸臨丸(かんりんまる)の太平洋横断を経たのち、1867年元旦にサンフランシスコを出帆したアメリカ客船「コロラド Colorado」が1月24日横浜に入港（翌日には香港に向けて出航）した。これが日本に来航した最初の汽船であった。

「コロラド」はパシフィック・メール・スティームシップ社（Pacific Mail Steamship Co. ＝ PM、日本での呼称は太平洋郵船会社）がアメリカ政府からの郵便運送補助を受けてサンフランシスコ～香港航路に就航したものだが、日本（横浜）寄港は補給が主な目的であった。その後、この幹線サービスのフィーダー航路として横浜～函館、横浜～神戸～長崎から上海に到るサービス網が張りめぐらされており、当時の日本は沿岸航路にも外国船が暴れまわって、今のカボタージュ（注：国内輸送を自国業者に限定する規則）どころではなかった。なお、これらフィーダー航路は1875年に三菱会社へ譲渡されている。

アヘン戦争で南京条約という不平等条約がイギリス・清国間でむ

パシフィック・メールの木造客船コロラド

すばれると、これに刺激を受けたフランスとアメリカが同様な不平等条約を1844年に締結する。この結果、大陸横断鉄道の敷設を軸にした西漸運動[1]で労働力を渇望していたアメリカが、中国人移民を受け入れるようになっていた。また、ハワイがアメリカに合併される以前から契約移民で渡航した多くの日本人が過酷な労働条件でハワイに居ついていた。1900年の合併とともに過酷な労働条件から解放され、アメリカ本土へ渡航し始めた。

このような交通需要を念頭においてPMが発足したが、独力経営の不安を補うため、郵便運送契約という形の補助金を受けていた。補助条件となったマンスリー・サービスを実行するために、蒸気船4隻をニューヨークの造船所に発注した。これらは総トン数3,800〜4,000トンと当時のアメリカ船としては最大であった。この時期、浅野総一郎は故郷から上京して、水に砂糖をまぜた「冷やっこい水」を売り歩いていた。

東洋汽船設立まで

最初に触れておきたいのは、東洋汽船の大事業は浅野総一郎という人物ひとりの力によるものでなく、安田善二郎という同郷の銀行家が常にバックアップしていたからである。安田は北海道の硫黄鉱山開発から始まり1880年設立の安田銀行で財をなした実業家である。

浅野総一郎（1848〜1930）は嘉永元年、いまの富山県氷見市に生まれて23歳で上京、御茶ノ水の名水売り、薪炭商、コークス販売などを手がけたのちの1886年（明治19年）11月、浅野回漕店を設立、ロシアから中古船を購入して「日之出丸」（1,138総トン）と改名す

1）アメリカの人口が東部から西部に向けて増加していった事象の歴史的な呼称

る。こうして海運業に乗りだしたのが38歳のときである。

折しも北海道の屯田兵2千名を堺から小樽まで輸送する話が政府からあった。浅野は「左様な御用船なら運賃はどうでも宜しい、2千円か3千円でも宜しい」と言ったところ、「日本郵船では1万円と申し出ているから7千円払う」ことで話が決まる。「日之出丸」の経費は2千円程度であったので大儲けできたという。開業早々から多額の利益があったので、あと3隻購入して4隻になった。

浅野総一郎を強力にバックアップした安田善次郎

これに対して日本郵船は目の仇のように挑戦してくるが、浅野は郵船があまり配船しない方面へ船を廻して、できるだけ利益を上げるようにしていた。

1893年(明治26年)5月のこと、インド綿紡界の資本家ジャムシェトジー・タタが来日、浅野に会ってインド～日本間の定期航路開設を要請した。支配人の白石元治郎に調査させて乗り気になった浅野は実業界の巨頭・渋沢栄一に報告したところ、渋沢は「ボンベイ航路は郵船にやらせることにしているから、P&Oという強敵がいる航路でもあり、同一航路を日本の船会社が二つで争うことは面白くない。それよりも米国航路でも始めたらどうか」と反対されたことが、浅野の方針を固めさせた。

1894～95年の日清戦争では浅野は持ち船すべてを御用船で供出する。この経験から貿易促進のためと、国防上でも大商船隊が必要という考えで外国航路への進出を決心していた。国民の間からも海運

の拡大強化をのぞむ声が盛んに起こったので、政府は航海奨励法と造船奨励法を制定、1896年から実施する。当然ながら浅野はこの新法を拠りどころにして外航への進出を果たしてゆく。

このようにして1896年、浅野は浅野回漕店にかえて東洋汽船の設立に乗りだす。このときには塚原周造（1884年大阪商船設立時に役人の立場から協力）が副社長に、渋沢栄一は監査役に名を連ねていた。株主には馬場道久（馬場汽船社主）、渋沢栄一、田中市兵衛（大阪商船3代目社長）、福沢桃介（福沢諭吉の女婿）のほか安田善二郎など錚々(そうそう)たる実業人の名前があった。

商売上、浅野と親しい関係にあったロンドンのサミュエル商会（シェル石油の前身）がシアトル航路を勧めていたから、太平洋航路が浅野の頭にあったはずだが、最初からこの方針を明らかにするとPMなどの先駆会社の警戒を呼ぶ。だから本心を隠してニューヨーク線と黒海航路で設立発起人総会を開いた。

渋沢から示唆のあった米国航路だが、東洋汽船が設立された1896年は日本郵船がグレート・ノーザン鉄道とのタイアップでシアトル航路を開設したところだった。同年7月、浅野は社員2名を連れて横浜から渡米の途につく。日本から出発のまえ、浅野は背中に腫物ができて切開手術したばかりだったので、同行社員に膏薬の貼りかえを受けながらの出張だった。

ヴァンクーヴァー、シアトル、タコマと廻ったあとサンフランシスコに入った。この港は船客、貨物の動きが盛んで、PM船が出航するとき埠頭には数万もの見送りが集まるにぎやかな情景に印象付けられていた。そのなかで在留邦人の地位が低く、中国人同様の圧迫を受けている様子が分かり、これが浅野の心をひどく打った。

さっそくサザン・パシフィック鉄道（SP）本社を訪ねて提携を申し込んだが、「すでに30年もPMにやらせており、今ではもう1

社（Occidental & Oriental Steamship Co.=O&O）を加えて合計 8 隻でやっているから、船を増やす必要はない」と断られる。再三再四の懇請に「いま社長のハンティントンがニューヨークにいるから、直接かけあってほしい」と言われてニューヨークに向かった。だが、コリス・ハンティントンは当時ロックフェラーとならぶ富豪で数々の事業をやっていたのでなかなか会えない。

ようやく会えたのは日本を発ってから 2 か月後の 9 月 2 日だった。ハンティントン社長は「これまで日本の大会社から提携申込みがあったが断ってきた。しかしお前ほどねばり強く申し出たものはない。その熱心に免じて提携するが、当方 8 隻、貴方 4 隻の計12隻では多すぎる。だから当方で 2 隻減らし 6 隻にするから、貴社の方も 3 隻にして貰いたい。その 9 隻で米太平洋岸の貨客をできるだけ多く吸収して活躍したい」という好意的な返事をもらう。

サザン・パシフィック鉄道の
コリス・ハンティントン社長

この結果、東洋汽船を加えた 3 社で各鉄道から同等の取り扱いを受け、各寄港地の代理店を同一にして経費は公平に分担することで話がつく。東洋汽船は PM の代理店を使ったから、PM のアンダーウィング配船と言えぬことはなかった。

太平洋へ乗りだす

浅野の訪米には部下 2 名が同行していたが、ハンティントンと会見後、造船所を見つけるためにその足で大西洋をわたり渡英してい

る。驚くべき素早さであるが、空路の発達した現代と異なり、いったん帰国して海路で渡英するには時間がかかり過ぎると考えたからであった。

　造船所への事前アプローチの裏には前述したサミュエル商会の紹介があったものと考えられる。伝えられるところでは、浅野は22社から見積もりをとったところ、各社から出た数字は1隻96万円から126万円まで、大きな幅があった。この値幅は造船所が持つ船台の繁閑(はんかん)の違いによるものだった。結局ジョン・ブラウン社などクライド河畔の造船所でなく、北東岸にある造船所と60日間も交渉を重ねて94万円まで値引きさせている（注：船内装飾品、艤装品、回航費その他を加えた乗り出し船価は120万円となる）。

　結局、1897年（明治30年）2月、サンダーランドのウェア河畔にあるサー・ジェームズ・レーン社に2隻（日本丸、香港丸）、ニューカースルのタイン河畔のスワン・ハンター造船所に1隻（亜米利加丸）の発注が決まったが、浅野が陣頭に立って造船所と交渉した精

サー・ジェームズ・レーン造船所があったウェア河畔

力には驚嘆する。これら3隻はイギリス商務院規定とロイド規則1級船に合致するものだった。

三浦昭男氏が『北大西洋定期客船史』のなかで船価考証を行っているので、これを借用させて頂く。「日本丸」とほぼ似かよったカナダ太平洋鉄道（CPR）のエンプレス・クラス1隻の船価は116万ドル、同船が完成した1891年の為替相場は、日本銀行の統計資料によれば、100円につき平均80ドルとして船価は145万円となる。日本丸の完成がエンプレスより8年後であるにもかかわらず120万円であった。この年の為替は100円につき49ドルに下落しているから、エンプレスの船価で日本丸と同じ時期に建造すれば実に237万円となる。総トン数1トンあたりを円貨にすれば、エンプレスは1891年時点で245円、これを1898年時点にすると401円となる。日本丸の船価が200円だから、いかに安く買えたかが推察できる。

こののち浅野はニューヨーク経由でサンフランシスコに赴き、SPとPMを訪ねて事情を話したところ、先方はハンティントンとのメモランダムなど一向に知らず、「我々は30何年も立派に商売をやっているのだから、何もお前の船に荷客の三分の一を渡してやるような馬鹿げたことは、たとえ社長が承諾しても承知できない」と、相手にしない。

漸くハンティントンが戻って、SPとPM関係者に対して「話はこういうわけだ、浅野という男は気性のある奴で、これまで来た日本人と違って考えもあるから、ひとつ彼を育てるつもりだ。そう喧しいことを言わずに俺の意見に任せろ」と不満の者たちを説得した。こうして共同配船契約の大要が作られたのが1897年（明治30年）3月である。

共同配船はPMとO&Oの6隻に東洋汽船の3隻を加えた9隻によるもので、3社が鉄道会社から同等の取り扱いを受け、寄港地の

代理店も同一にして、経費は公平に分担する内容であった。イギリスでの造船契約から1か月という目覚ましい早業である。このとき浅野は48歳の男盛りであった。

東洋汽船、SP、PM、O&Oの間で契約調印された3月27日、浅野はO&O客船「コプティック」に乗船した。ホノルルで浅野は一流ホテルに宿泊、「東洋汽船が日本政府補助のもとに設立された」ことを全島の新聞紙に広告を出す。その翌日、千人あまりの聴衆を招待する。そこで「今後10年間に10万人の移民を輸送したい希望で、政府補助のもとに東洋汽船が産まれたからには、これからは異郷にあって働いておられる皆さんにも決して不自由はかけ申しません。皆さんもいっそう奮励されて邦家のためにお尽しください」と熱意のこもったスピーチを行っている。

こうして浅野は明治30年4月19日、横浜へ帰着した。明治29年7月に横浜を発って半年あまりの大旅行であったが、帰国後の日本では日清戦争後の反動で不況が深刻になっていた。金融も逼迫していたので必要な株式払いこみに難渋したものの株主総会を切り抜けた。

太平洋協調配船時代の到来

O&Oは大陸横断鉄道会社（セントラル・パシフィック鉄道CP＝後のサザン・パシフィック鉄道＝とユニオン・パシフィック鉄道UP）とPM間の掛けあいに端を発したものである。中国、日本からニューヨークへはお茶が主要荷物であった。いっぽうPMはパナマ地峡を介してニューヨークへの海上ルートを持っていた。この荷物はサンフランシスコから鉄道に積替えて運ばれていたが、PMは新造大型船を投入するようになると、荷物をパナマ地峡でニューヨーク行きの自社船に積替えて輸送しようとした。これだと極東か

らサンフランシスコ接続によるニューヨークまでの所要日数よりも長くなるが、輸送コストは安くなる、というのが狙いだった。

これでは鉄道会社の荷物が減ってしまう。CPとUPはサンフランシスコにO&Oという運航会社を設立、使用船はホワイト・スター・ライン（WSL）から2隻用船してPMと共同運航して配船数を増やす、という案によりPMに翻意させたのである。この結果、PMとO&Oの協調配船は2週間に1便という便利なものになった。O&OがWSLから用船したのは「オセアニック Oceanic」（3,707総トン）というWSL創業第1船だったが、その後WSLは太平洋航路用に設計された客船を提供している。

東洋汽船、PMとO&Oの3社によるジョイント・サービス契約は1897年（明治30年）に整う。外船2社は往復のうち1回だけハワイ寄港していたが、東洋汽船のみ往復ともハワイ寄港が認められた。これは日本～ハワイ間交通の将来性を予測した浅野の先見によるが、結果的にはこれがハワイ在留邦人に大きな便宜をもたらすことになる。

日本丸型3隻に触れてみたい。全身が純白に塗装されスクーナー型の瀟洒な船首を持つ優雅な船容は何処からヒントを得たのだろうか。PM客船は「これが蒸気船だ」と言わんばかりのいかつい船容だったが、CPR（カナダ太平洋鉄道）の3隻はスタイリッシュな外観に包まれた高級なインテリアゆえに「ホワイト・エンプレス」（「白い女帝」の意）の名声を恣にしていた。浅野が明治29年に渡米したときに乗船したのは「エンプレス・オブ・インディア Empress of India」（5,905総トン、インド女王でもあったヴィクトリア女王のこと）型3姉妹船のひとつで、航海中の体験から、浅野の意中にはこの客船があったことは間違いない。それで、東洋汽船の3隻はCPR船をコピーしたと思われるほど似通った船容になっていた。

東洋汽船サンフランシスコ航路の第１船・日本丸

　途中だが、CPRの生成に触れたい。大英帝国は19世紀後半、徐々にカナダ大陸を植民地化するとともに、カナダ大陸を横断する鉄道の敷設を計画して、1881年CPRが設立された。この背景には《オール・レッド・ルート All Red Route》という遠大なプランがあった。イギリスの交通機関による世界一周を可能にする計画である。北大西洋⇒カナダ大陸⇒太平洋を渡り、香港から英本国まではP&Oなどのイギリス商船で世界一周ができる、というものであった。イギリス商船旗が赤地だったことから「レッド」と表現されていた。

　イギリス政府はCPRに郵便運送補助をあたえて北大西洋と太平洋横断の航路を開設させ、北大西洋航路では週１便配船で20ノット、太平洋航路には月１便で18ノットが義務づけられていた。「ホワイト・エンプレス」が誕生したのはこのような状況下であった。

　CPR船には航海上のメリットがあった。北米大陸西岸から極東へ行くには大圏コースをとるのが最短で、ハワイ寄港船にくらべて

早着できたからである。太平洋航路では東洋汽船が参入するまえから中国人客が大きなポーションを占めていた。UP、SPなどアメリカ大陸横断鉄道の敷設にはアイルランド人と中国人が労役の主役で、蒸気船の登場以前から帆船で送られていた。鉄道開通後も移住形式による中国人渡航が続いたから、太平洋航路を経営する船社にとっては香港、上海が重要なターミナルとなっていた。

サンダーランドで建造された第1船の日本丸は1898年（明治31年）11月日本に回航されて国内でお披露目がなされる。12月15日には香港から処女航海の途につき、厦門、上海、長崎、神戸、横浜、ホノルルを経て、翌99年1月14日サンフランシスコに到着している。船のマストには紫紺の地に浅野家の家紋である日の丸の扇子を染めぬいた社旗が翻っていた。

この時期、米西戦争でアメリカ国内景気は上昇していたものの、アメリカのハワイ合併により中国人労働者の渡航が激減していた。1897年（明治30年）4月に浅野が帰国したときには国内は日清戦争後の不景気に陥っていたことは既に触れた。

東洋汽船では創業時の払込み株価（12円50銭）は4円50銭に急落しており、東洋汽船の将来性について呪うような噂まで流れていた。革新的な気分に燃えていた株主の馬場道久でさえ「創立当時は景気が良くて3千株を引き受けたが、4円50銭に下落するような株は持っているわけに行かぬ。責任は浅野社長にあるのだから払込金額で買い取ってもらいたい」と要請するほどだった。

馬場は「日本丸」型3隻の発注について、「いくら安いからといって、6千トンなんて大きな船を注文するなぞ、程度を超えたものだ」と言い捨てて立ち去ったという。浅野社長が抱いた事業規模が当時の日本の実態に比べてどれほど大きかったかは、馬場の言葉によっても頷ける。

「日本丸」型3隻が乗出したときの太平洋航路は順調な情勢でなかったものの、1900年（明治33年）になると特定航路補助法が発効して会社の経営は好調裡に推移する。日清戦争での経験から自国商船隊の整備が国防上も必要なことを痛感した政府がこの助成策を開始したもので、その対象は東洋汽船のほかに日本郵船の欧州航路とシアトル航路であった。

この時期、サンフランシスコ航路が軌道に乗ったことを見きわめた浅野は、セメント事業を基盤強化（1898年深川セメント工場合資会社化）したのち、川崎・鶴見地区の埋立て計画の申請（1904年）への布石を打つなど、席が温まる暇なく過ごす日常であった。

太平洋航路の強敵

浅野の意気に感じて、浅野が太平洋に進出する道を開いてくれたサザン・パシフィック鉄道（SP）社長のコリス・ハンティントンが1900年に没する。すでにSPを傘下に収めたセントラル・パシフィック鉄道（CP）の総帥エドワード・ハリマン（1848〜1909）が全米鉄道網の統合機運に乗じてサンフランシスコまでの鉄道経営を統帥するようになる。折しも大西洋では

アメリカの鉄道王エドワード・ハリマン

金融、鉄鋼王のJ.P.モルガンが率いるインターナショナル・マーカンタイル・マリン（IMM）が欧米の船社を統合しつつあった。

ハリマンは大陸横断鉄道から太平洋航路で覇をとなえたのち、日

露戦争で日本が手に入れた南満州鉄道を日本と共同経営（注：この構想はポーツマスから帰国した小村寿太郎全権の反対で頓挫）し、シベリア鉄道を経由して欧州に通じるルートを模索していた。この一環としてパシフィック・メール社（PM）の輸送力革新が実行された。PMはニューポート・ニューズ造船所へ１万１千総トン、20ノットの巨船２隻を発注、「コリア Korea」、「サイベリア Siberia」と命名される客船が1902～1903年に就航する情報が浅野の耳に届く。

就航して３年だが、働き盛りの「日本丸」型でも太刀打ちできない。海運業はライバル同士が高性能の船を就航させる宿命があるにせよ、浅野にはどうしようもない心痛が再び襲ってくる。しかし東洋汽船としては安閑としておられない。1901年の役員会で１万総トン、18ノットの新船２隻建造の決議がなされた。これを実行するまえ、ハリマンPM社長の了解をとる必要があった。

この年の11月、浅野はサンフランシスコ所長・白石元治郎をニューヨークへ出張させ、ハリマンに面会、東洋汽船の新船計画への了解を取り付けようとした。このときハリマンは「東洋汽船と従来どおりの提携には異存ないが、一歩すすめてPM、O&Oに東洋汽船が加わる単一会社にして航路経営をしないか」と再三くり返す反面、東洋汽船の新船案への了解はしなかったという。

翌年４月にハリマンがサンフランシスコに来たとき、白石は先の会談への回答を促したが確答は得られていない。結局、PMがすでに大型船を発注していたこともあり、東洋汽船の大型船計画はそのままコミットされたと推察される。

日露戦争と東洋汽船

第１次世界大戦の勃発から講和にいたる期間には就航船の異動が

ダイナミックに起こるが、その前に勃発した日露戦争とその影響に触れたい。1904年（明治37年）2月に火ぶたが切られるまえ、政府から東洋汽船に対しても社船すべての徴用予告が届く。実のところ、サンフランシスコ航路経営の地盤が固まろうとしている時期に、社船が御用船となることは営業上に大きな打撃であった。このとき、「日本丸」はサンフランシスコから復航の途中、「香港丸」は香港から横浜へ航行中、「亜米利加丸」は横浜からサンフランシスコへ航海中であった。

御用船への徴用は明治37年1月から2月にかけて実施されたが、サンフランシスコ航路の3隻は高速性と長い航続距離が海軍に着目され、仮装巡洋艦として遠くインド洋にまで出撃してバルチック艦隊を索敵していた。

戦時中に最も多かったときの御用船は268隻、68万総トンであり、内訳は次のとおりだった。

日本郵船	55隻	212,927総トン
東洋汽船	6隻	31,639総トン
三井物産	9隻	26,419総トン
大阪商船	14隻	18,220総トン
その他	184隻	393,531総トン

戦争が終わると、「日本丸」ほか2隻は1905年（明治38年）10月〜39年1月、サンフランシスコ航路に復帰していた。

大型船計画の実現

日露戦争直前の1902年（明治35年）にPMは「コリア」、「サイベリア」の姉妹船を建造したばかりでなく、東洋汽船が戦争で休航している間の1904年（明治37年）にはさらに大型の「モンゴリア Mongolia」（13,636総トン）を新造投入しており、「日本丸」型はし

だいに精彩を失い、PMとの格差はほとんど取り返し不能になっていた。

東洋汽船社内でかねて計画されていた大型船の建造は、1901年(明治34年)の役員会で決まっていたものの、戦争勃発で資金調達に不具合が生じて実行が遅れていた。戦時中であったが、浅野は白石取締役をロンドンに派遣、サミュエル商会から20万ポンド(200万円)限度の借入れを仮契約するまで漕ぎつけている。

今になって考えれば、この大型船こそ空前絶後の日の丸客船と評して差し支えないものだった。1929年建造の日本郵船「浅間丸」クラスは空前の豪華船と言いはやされていたが、約20年のタイムギャップを勘定に入れると「天洋丸」に軍配を挙げるべきだろう。また1939～40年にデビューした「あるぜんちな丸」クラスと「新田丸」型3姉妹ではインテリアは輸入資材の不足から代用品といわれた資材で賄われていた。

ともあれ、明治後期にこのような豪華船が実現できたのは、ひとえに浅野のセンスとリーダーシップによるもので、日の丸客船で外国勢力を圧倒しようという豪気さが表れていた。起業家として浅野の面目躍如たるものは、日本が伸るか反るかの瀬戸際におかれていた日露戦争中にこの大投資を決断していたことである。

1905年になり、戦争終結の見通しがついたので、新船建造実行が社内で決議される。新船は1万2千総トン、重油焚き蒸気タービン、航海速力18ノットの客船3隻である。このような巨船は建造実績の豊富なイギリスで造るのが当時の常識であり、船価面でもそれが最も有利だったはずである。そのような事情にこだわらず国内造船所で建造するのは国策に沿い、日本の製造業発展のためになると浅野は判断していたのである。

日本の造船所が手がけたことのない大型船の国内建造に踏み切っ

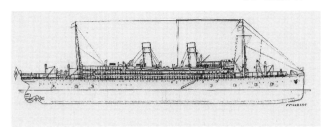

計画された天洋丸の図面

たのは浅野の侠気と英断に他ならなかった。新船は三菱長崎造船所（当時名は三菱合資会社長崎造船所）に発注されるが、そのサイズは PM の「コリア」と長さ、幅がほぼ同一だが、船内設備と性能は格段に優れたものであった。

　浅野の破天荒な計画が発表されると日本国内の誰もが驚いたが、それ以上に驚いたのは注文を受けた三菱長崎造船所だった。その頃の三菱は本格的な遠洋船を手がけてから日が浅く、同所で建造した最大の商船は日本郵船の「丹後丸」（7,463総トン、1905年建造）に過ぎなかった。新船の建造要領だが、鋼材やエンジンなどはすべて船主支給（東洋汽船が海外から輸入）で、三菱側はそれを組み立てるという工賃だけの請負だった。

　三菱長崎でいよいよ契約調印というときのことである。同造船所の荘田平五郎所長が浅野社長を訪ねて、「（最高速力）21ノット、1万2千トンの船を造るということは、わが日本の現状からみてあまり進み過ぎたお考えのように考えられるから、せめて重油を使うことをやめるか、あるいは1万トンくらいに縮めてはどうか」と勧告した。

　これに対し浅野は、「君の方の立場からいえば、喜んで注文どおり受けて下さるべきはずであるにもかかわらず、私の判断からいう

と、新興国の日本としては、お説のところはいかにも消極的すぎると思う。それとも金の支払いについてご懸念があるのですか」と言ったところ、荘田は「いや、決してそうではありませぬ。それほどまでに仰るのなら、仕方がないから、ご注文どおり建造しましょう」となって契約が調印された、というエピソードが伝わっている。

　ついに1905年、まず２隻（「天洋丸」と「地洋丸」、第３船「春洋丸」は３年遅れて竣工）の建造契約が締結された。ここで日本の造船史上に新紀元をもたらす巨大船建造が緒についたのである。

　三菱の請負見積りに船主支給品を加えれば２隻で850万円あまり、これには資本金を倍額増資した払込金650万円にサミュエル融資の200万円を加えた850万円で何とか賄えるという計算ができた。ところが1908年になると国内金融が逼迫の極になり資金調達に苦労することとなる。その年の３月に開かれた株主総会で、浅野は新船計画にふれ、一般株主に対しても繰り返し分かりやすく説明していた。

　「会社の見込みでは１万３〜４千トンが適当だと思いました。（中略）機械を新発明のタービンというものにしました。石炭では火力に狂いがございますから重油を焚きます。この点でもコレア、サイベリアよりも脚が速い、また船内の装飾がよろしい。これまでの南太平洋のお客がみんな来ると思います。新発明の機械に油を焚くことにすれば、多くの火夫がいらない。油も帰航のとき向こうの油を船に乗せてきて自分で製造すれば、外国から買うよりよほど安くなる。日本の石炭の高いのには閉口している。油はその石炭より３割安い。それから油を焚くための船の容積が半分くらい要らなくなるから、500トンも600トンも荷物が余計に積める。それにタービン船だから振動がない。また油を焚くときは、石炭のように掻き回すこ

ともなく火力が平均に保てる。東洋にはこういう船はまだ一艘もない。南方の太平洋に来るお客は、みな桑港(サンフランシスコ)においでなさるようにと思って、良い機械を用いたのでございます」。(『六十四年の歩み』東洋汽船)

　新型機関を搭載する巨船計画をまえにして呆気にとられる一般株主や銀行に対し、浅野は自分の考えが決して途方もないものでないことを、大西洋の航路事情も併せて説明、新船の必要性を切々と訴えていた。結局、パトロン的存在だった安田善二郎の賛同が奏功して、特定増資による資金調達のめどがついた。これで浅野は東洋汽船の発展に踏み出すための難関を乗りきったのである。

　船の燃料に重油を焚くことだが、浅野はそれ以前から石油に大きい関心を抱き、1891年(明治24年)にサミュエル商会を介してロシア(バトウミ)からの石油(灯油)輸入を始めていた。灯油と異なり関税のかからぬ輸入原油を国内で精製して売れば大きな利益が得られるとして、横浜市保土ヶ谷に精製工場用の土地を手当てしていた。この場所で精製してできた重油を船の燃料にする発想を思いついたわけである。

　ところが国内石油販売業者からの猛反対で、政府は輸入原油にも課税することとなり、浅野の慧眼が阻まれ、最終的には石炭焚きとなってしまう。「天洋丸」、「地洋丸」2隻はサンフランシスコで補給した重油を使用していたが補給が不如意となり、ほどなくボイラー13基のうち半数を石炭焚きに改造している。ともあれ、このような大型船の燃料に重油を使うのは世界最初であった。

　造船所側の不安を押しきって主機関に蒸気タービンを選定したことはすでに触れた。この時期のイギリスではすでにタービン船建造の兆しがあり、ロイヤル・メール・ラインでは建造中の「ヴィクトリアン Victorian」、「ヴァージニアン Virginian」に採用が決まって

いた。両船は1万トン程度の客船であったが、それを3千トンも上回る「天洋丸」はその意味で空前のタービン船といえた。

　三菱長崎はパーソンズ社から製造権と販売権を取得して、その後はわが国の艦船に続々とタービンが採用され始めた。第3船「春洋丸」には三菱が改良を加えた国産のタービン（石炭焚き）が装備され、出力が「天洋丸」よりも1千馬力増加していた。

　客室配置にも種々の新しい試みがなされていた。居間、寝室、バスルームの備わったスウィートがあり、婦人もくつろげるラウンジや喫煙室、200名収容のダイニングルームなどの公室にはサーモタンク暖房装置があるほか、床材にはアメリカ製モザイク風ラバータイルが敷きつめられていた。これらは邦船では最初の試みであった。ウォールパネルには日本固有の美しい織物を使用、欄間には（東洋汽船の社旗にある）扇の模様、ラウンジのドームはステンドグラスで舞鶴が描かれていた。全般のインテリア・デザインはイギリスのデザイン・ハウスの手によりアールヌーボー様式でまとめられていた。

　この大型船の名前だが、浅野は千字文にある「天地玄黄」から「天洋丸」、「地洋丸」と命名した。だが玄洋は黒い海で面白くないとして、第3船は「春洋丸」にしたといわれている。「天洋丸」はサイズと性能では、太平洋で最大を誇るPMの「コリア」級に匹敵し、船内設備のレベルでは上回っていた。「天洋丸」の外観には当時の日本客船にないスマートさがあり、ホワイト・スター・ラインの「オセアニック Oceanic」（1899年）に似た細身の貴婦人のような船容であった。デザイナーは不明だが、イギリスのデザイン・ハウスが手がけたかと思われるほどである。

　かくて1908年（明治41年）4月、「天洋丸」は船主に引き渡され、横浜などで披露された。東洋汽船は朝野の名士など数千名を

扇レリーフのある天洋丸の１等ラウンジ

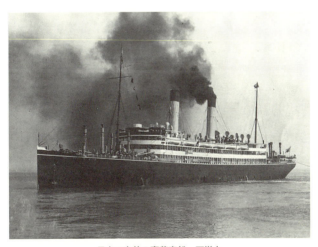

日本で空前の豪華客船・天洋丸

数回にわけて招待したが、来客の誰もがその新設備と贅沢な装飾に賛辞を惜しまなかった。もっとも、ある客はあまりにも想像を絶した船内装飾に驚き、「東洋汽船の株は売りだ」と思わず叫んだという。この客は兜町か北浜の株屋だったのかもしれないが、この言葉は当たっていたとも、当たっていなかったともいえた。

なお東洋汽船の資料によると、PMの「コリア」、「サイベリヤ」２隻の過去１年半の営業成績をベースにして、新船の船価を430万円と想定、航海補助金を加えると１年間のリターンが15％になると計算されていた。

「天洋丸」が竣工した1908年から1909年、会社の業績が下降し、明治42年末期の繰越損失は108万円となり、東洋汽船にとって最も苦しい時期となる。1908年はやりくりして配当したものの、1909年は創業以来初めて無配となり、額面50円の株式は14〜15円まで下落する。このとき日本郵船が１割配当をしたこともあり、この期の株主総会では大株主が中心となって経営失敗をなじり、浅野の退陣をせまる声が轟々と起こった。登壇した浅野は、２年後の黒字転換と復配に責任を持つとして「もしその目的が達成されないときは私財をなげうって損失を填補する」と悲壮な決意を披歴、支援株主の応援演説もあり、ようやく総会を乗り切った。

この時期、東洋汽船が赤字の淵に沈んだのは以下のような事情があった。

① 日露戦争が終わり、多くの邦船が徴用を解かれて市場にもどり船腹が供給過多となる

② 中国での日貨排斥運動による極東の荷動き減で太平洋航路の運賃が下落

③ この年に起こったカリフォルニア州での排日運動が引き金となり、日本人移住者を自主的に制限する日米紳士協定が結ばれ、

日本政府が移住禁止措置をとったため3等客が大きく減少した東洋汽船の経営は、①サンフランシスコ定期、②南米西岸定期、③北米〜日本の原油輸送の三本柱で成り立っていたが、郵船、商船に比べて経営航路が少ないという弱点はどうしようもなかった。

　浅野の奔走もあり、その翌年度から遠洋航路補助法が実施されたので、東洋汽船の定期航路はその恩恵に浴して業績が回復した。1910年からサンフランシスコ線の荷動きが往復とも活況を呈するようになり、「天洋丸」の名声にも預かって乗客数も増えた。こうして当年度決算では107万円の利益を計上し、繰越欠損が一掃できた。
「天洋丸」クラスは客船の桧舞台といわれる北大西洋の客船に比べても遜色のない優秀船であり、外国人旅行客を瞠目させようという浅野の意気込みが表れていた。ただ、これら客船の建造が当時の貿易環境からして商業的に成功だったかについては別の見方ができる。

　サンフランシスコと南米西岸線しか定期航路を持たぬ東洋汽船がこのようなスーパーライナーを3隻も擁して客船経営に集中するのは企業投資としては行き過ぎで危険だ、と世間は訝った。しかし次々に登場するライバル会社の優秀船を目前にすれば、浅野としては乾坤一擲の賭けに出ざるを得なかったものだろう。

　東洋汽船は「天洋丸」建造中に同型船1隻の建造を決め、1907年（明治40年）三菱長崎に発注、1911年8月に竣工した。「春洋丸」として船隊に加わった新船は重油価格が高くなっていたため、最初から石炭専焼で建造されていた。これで「天洋丸」級3隻に「日本丸」を加えた4隻体制でサンフランシスコ航路が経営されていた。

「地洋丸」喪失とPM客船の購入

　1913年の終わりから国内のみならずアメリカも不況に陥り、サン

フランシスコ航路を生命線とする東洋汽船は打撃を受ける。このままでは将来が危ぶまれたが、この窮境を救う神風が吹いてきた。第1次世界大戦がそれである。1915年になると戦局の進展で太平洋にいた外国船は徴用されて大西洋に集まってしまい、太平洋での船腹不足が著しくなる。

加えて欧州から北米に向かう旅客は危険を避けて太平洋を経由したため、「天洋丸」など4隻は3等客を除いて1、2等は毎航満員の盛況だった。東洋汽船は大阪商船などからの用船5隻で対応したが、それでも需要の半分を満たすに過ぎなかった。

座礁して船首が折れた地洋丸

ところが一陽来復というこの好機の真っ最中に社内を愕然とさせる事件が発生した。1916年3月31日、マニラから香港に向けて航海中の「地洋丸」が香港沖で座礁、全損になったのである。

たまたま前年に太平洋から撤退していたPMの「コリア」と「サイベリア」が売りに出される情報が浅野の耳に入った。一挙に2隻も買うことに役員から反対が続出する。浅野は安田善次郎を訪ね「実は将来を見込んでサイベリヤ、コレヤの2船を400万ドルで買い取ることにしたところが、反対重役があって困っているから、重役がいうことをきかぬ時は、私に200万ドルだけ立て替えて下さらぬか」と頼み込む。すると太っ腹の安田は即時に「宜しい」と快諾し

サイベリヤ丸となったPM客船サイベリア

たという。

　パトロン安田の保証で意気軒昂となった浅野は並みいる役員に懸命な説得をおこなった。まず蜂須賀公爵が賛成の口火をきり、渋沢男爵が同意した。これで1916年6～7月に両船の購入契約が成立した。これらは同年秋から「コレヤ丸」、「サイベリヤ丸」として船隊に加わる。そして時の好況に乗って「地洋丸」の穴埋め以上の力を発揮、数年間で買入れ船価を償却できたという。ちなみに両船の購入代金800万円は、「地洋丸」保険金370万円に社債などを合わせて賄われていた。

　両船の迅速な取得は浅野のするどい動物的感覚が奏功したもので、当時の盛況を享けて東洋汽船の業績はトントン拍子にあがる。これがどれほどのものであったかは、配当率の推移からも想像できる。大戦勃発時には無配だったものが、1916年には2割、17年には4割5分、そして18年には5割にも達している。

海運業は浮き沈みが激しいものであることはこれまでの経緯からも察せられるが、東洋汽船にも再び苦難の時期が訪れる。第1次世界大戦は1918年に終わるが、当時の海運業界の誰もが、「講和成立後の軍隊引揚げ、欧州向け食料品や復興資材を輸送する需要があろうから、少なくとも1年は海運市況が締まるだろう」と考えていた。ところが欧米諸国は喪われた船腹の回復に力を傾注したため海上運賃は低下した。

太平洋航路で東洋汽船の脅威となっていたアメリカは、戦時中に商船隊の必要性を自覚して、1万4千総トン型客船10隻の建造を開始し、これらをアメリカ船社に低い用船料で貸しつけ、太平洋に投入させた。

CPRも大戦前に完工した1万7千総トン、速力20ノットのエンプレス級客船2隻を復帰させ、さらに1922年には2万1千総トンの新造船を就航させる。こうなると、今や船齢十数年の「天洋丸」級をフラッグシップとする東洋汽船は苦しい立場に追い込まれる。

豪華客船「大洋丸」

第1次世界大戦が終わると、多数のドイツ商船が連合国へ賠償として引き渡されるが、日本へは客船4隻が交付された。そのうち最大の客船「カップ・フィニステーレ Cap Finistere」（14,458総トン）の運航は政府と世間が当てにしていた日本郵船が引き受けを断る。郵船は政府の委託で本船をドイツから回航した経験から、燃料消費が多く不経済船であるほか、航海では不安定なことが分かっていたからである。本船は南米東岸の河川遡航ができるよう、喫水が浅かったばかりでなく、ボートデッキに大きなプールが造られていたことも原因のひとつであった。

政府では高橋是清首相や野田卯太郎逓信大臣も困り、病院船とか

横浜でフローティング・ホテルの案も出たが、最後には東洋汽船に委託しようと持ちかけたところ、浅野は快諾した。「日本郵船でも引き受けぬものをずいぶん無謀だ」と業界で評判になったが、浅野は決して漫然と引き受けたのでなく、本船が日本に到着したときから技術陣を動員して船の欠点を研究、対応策を検討したあげく、サンフランシスコ線に使っても利益をあげ得るという見通しをつけていたのである。

　1921年3月、この賠償船は政府から正式に運航委託され、ただちに三菱長崎で必要な改造を行った、その主なものは、①取り扱い面倒な動揺防止タンクに代わり簡単なサイドタンクを取り付けた、②船底のバラストをさらに増やして重心低下をはかったことなどである。浅野は船長に指示して、集荷と積み付けについては陸上の集荷部門と航海士が充分に事前打ち合わせをなし、重量貨物をホールドに軽量貨物をツインデッキに積んでトップヘビーを防ぐこと、清水、バラスト水が変化するに応じてGMの高さを計算して安定性を確かめるようにさせていた。

　こうして「大洋丸」と名付けられた客船は、当時もっとも豪華な客船として処女航海の途につく。それでも「大洋丸」には安定が悪くて危険だという噂が消えなかった。このとき、浅野はまことに鮮やかな手段で世間の噂を打ち消したのである。世間の懸念を解くために安田善二郎に同乗をたのむ。すると安田は二つ返事で承諾し、令息善雄を連れて乗船する。浅野にはさく子夫人が同行したことは言うまでもない。

　このときはアメリカへ向かうまえの空船航海で、長崎から上海、マニラ、香港、上海を経て帰航するものだった。浅野は寄港地で関係者多数を招待、浅野と安田がこもごも立って演説したので来客に感銘をあたえた。そのとき浅野、安田の香港来訪を知って喜んだ中

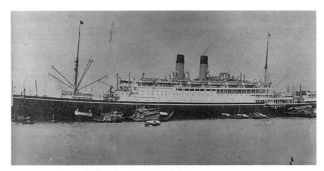

当時の日本最大の豪華客船・大洋丸

大洋丸デッキ上の安田善次郎と浅野総一郎夫妻

国の革命家・孫文が広東の自宅へ招く。両人はすぐさま広東に赴いて会談している。この航海の途中にさく子夫人は体調を崩したにもかかわらず、よく浅野を扶け、孫文宅への訪問時には病苦をおして一行の世話をしたという涙ぐましい物語がある。こうして日本の大実業家と大金融家がいっしょに航海して何も問題がないことが立証

東洋汽船の黄昏と客船サービスの終焉

　大戦中は好景気に沸いた東洋汽船も1922年には無配に転落してしまい、それから1926年、客船部門が日本郵船に合併されるまでの期間、赤字、無配を余儀なくされる。1922年9月の株主総会で、浅野は自社のおかれた窮状を次のように訴えていた。

　「桑港(サンフランシスコ)線を第一に申しますと、例の青く塗ったプレジデント型が5艘(そう)航海していて、天洋、春洋などと競争しています。相手は1日早く出帆して客を浚(さら)っていく、或いは当社の船より2日、3日早く入港する。こういう訳で入港してみると積み取る客も貨物もなく、船室および貨物容積の半分にも充たずに出帆する有様です。向こうの大きい船はこっちより3ノットも速いので、太平洋を3日も4日も早く渡れる。それに船が新しいから今日の天洋などではとても太平洋の航路は維持できません。シアトルの如きは郵船も商船も大きいものを引き揚げ、貨物船だけで申し訳的にやっている。桑港のほうは当社が飲まず食わずに働いて、尻尾につながっているというわけです。相手は米政府の船でありますから、国家と競争しているようなものです。少しばかりの政府補助ではどうにもならず、私どもとしては日本の政府がこの苦しい状態をこのまま傍観するとは思っておりません。政府の力で2万5千総トンまたは3万総トンの船をシアトル、タコマへ3隻、桑港へ3隻廻して頂きたいと思っております」＝社長としてのなりふりを捨てたこの演説は、浅野の苦衷の深さを物語っていた。

　この総会ののち、1920年に海運国策を審議する海事委員会がサンフランシスコ線用に2万総トン以上、20ノット以上の客船4隻の建造を提言した。その翌年には日本郵船も優秀船建造の急務を政府に

訴えるなど、新船の建造ムードはがぜん盛りあがってきた。

1924年になると政府も問題をこれ以上引き延ばすことができなくなり、その翌年秋には予算措置がとられる。この場合、新船の所有と運航は東洋汽船となるのが筋であった。しかし悲しいことに、浅野のパトロンとして肝胆相照らした安田善次郎が3年前の9月、暴漢に暗殺されてこの世になく、東洋汽船には資金調達の途が閉ざされていた。東洋汽船は1921年の黒字を最後に、翌年から千万円単位の赤字から脱し得ず、定期航路を独力で運営する力を失っていたのである。

1923年にさかのぼるが、渋沢栄一、郷誠之助、井上準之助の三氏の斡旋で、東洋汽船を日本郵船に合併させる案がつくられる。その案は、東洋汽船の資産と営業権の評価で郵船側にとって不満なものだったが、この話がライバルの大阪商船へ持ちこまれて実現すれば、郵・商の地位が逆転するのを恐れた郵船側が譲歩して成立した。この間に発生した関東大震災のため合併作業はいったん頓挫したものの1926年合併が完了した。

関東大震災で横浜港は大被害をこうむったが、浅野は危険な港頭へ毎日のように赴いて社船を見舞い激励していたという。浅野としては30年間も苦労して育ててきた航路（香港～日本～ホノルル～サンフランシスコ）をどこまでも守るため、もう一度豪華客船を造ってサンフランシスコ航路の優勢を取り戻したかったのである。

当時79歳の浅野はたびたび蔵相の井上準之助を訪ね「自分の一切の財産を提供するから建造資金を世話してもらいたい」と懇願した。これに対して井上は「来年には80に手の届くあなたが、そうして借金してまでも国家の航路に忠勤を尽されるということは、実に感謝に堪えないが、あとを引き受けるご令息たちのことも少しはお考えにならなければいけませぬ」と親身のアドバイスを行ったという。

日本郵船との合併記念写真
左端が浅野総一郎。前列中央が渋沢栄一

　しばらくして井上を訪ねた浅野は「いま三浦博士に診察して貰ったが、血圧は120で四十歳台だからまだまだ私の寿命は大丈夫だと三浦が保証してくれた。どうか心配せずに世話してください」と懇願を続ける。浅野の熱心な態度に井上は涙を流すほかなかったという。日本郵船もできなかったサンフランシスコ航路に進出して30年、日の丸客船を海外に知らしめてきた浅野総一郎にとり、自分の分身として喜びと苦しみを共にしてきた東洋汽船との離別をどれほど哀惜していたかをこのエピソードが語っている。

　東洋汽船・日本郵船の合併が実現されたあと、浅野は秘書に次のように心情をしんみりと吐露していた。「優秀船3隻を造らなければアメリカには勝てない。今のままでは貨物も客もアメリカ船に取られてしまう。安田さんが亡くなったので俺の力ではその金ができない。俺の財産全部を抵当に入れるからと、井上さんに頼んだが駄目だった。郵船なら金があるから3隻でも4隻でも造れるというか

ら、長い間世話してきた桑港航路だけれど、俺のわがままでこのままにしておいては国家に申しわけない。航路は国家のもので、ただ俺が預かっているだけなんだから、俺の力で維持できなければ、郵船にでも代わって維持して貰うよりほかはない。そんなことでこんど郵船に渡すことにした。しかし最後にあの大洋丸を動かし、これを一枚看板にしてアメリカの優秀船に対抗してやったのはせめてもの俺の慰めだ」。

エピローグ

　1926年5月、「天洋丸」を含む東洋汽船の資産と定期航路の営業権は日本郵船に移り、その申し子として「浅間丸」型3隻が誕生するのはそれから3年後のことである。

　稀代の熱血漢でビジネスマンの浅野総一郎が一代で築いた客船事業は大きな光芒をのこして消えた。浅野が産んだ虎の子ともいえる「天洋丸」はNYKのファンネルマークで太平洋を往来したのち、1930年6月に引退、生まれ故郷の長崎で係船される。その頃、浅野が自分の手で造ることを切望した「浅間丸」型3隻はサンフランシスコ線に華々しくデビューしていた。「天洋丸」は1933年に解体、「春洋丸」は2年後に係船ののち1936年に解体されていた。

　「天洋丸」クラスが横浜を出帆するとき、浅野は必ず訪船して見送っていたという。また令嬢が嫁いだときは、それまでの衣裳を旅芸人の船上公演用にと、すべて船に寄贈していたという。この偉大な起業家が持ち船にどれほど深い想い入れを抱いていたかを物語るエピソードである。

　浅野総一郎は「春洋丸」が姿を消してから4年後の1930年11月、81歳で世を去っていた。その頃には「浅間丸」「龍田丸」「秩父丸」の3巨船が太平洋に揃い踏みをしていたのである。

§4　ハーランド＆ウルフをめぐる人びと
―美しい船造りに取り組んだネイバル・アーキテクトたち―

生成のころ

　造船業の産みの親はイギリスであるが、なかでもスコットランド北部のクライド河畔に並ぶ造船所が数々の名船を建造したことでよく知られている。ところが、海峡を隔てた北アイルランド・ベルファーストで1861年に誕生したハーランド＆ウルフ造船所（以下ハーランド＆ウルフ）の存在も忘れてはならない。

　ハーランド＆ウルフは悲劇の巨船「タイタニック」を建造した造船所といえば世間の理解を得やすい。筆者の主観も交えるが、ハーランド＆ウルフで建造された船ほど美しいものはないと賞賛せぬ者はないほど、そのスタイリッシュなレベルの高さはネイバル・アーキテクトの間で高く評価されている。

　ハーランド＆ウルフはその名が示すように、スコットランド出身のエドワード・ハーランド（1831〜1895）とドイツ系のイギリス人でリヴァプールの実業家グスターヴ・ウルフ（1834〜1913）が1861年、ベルファーストで興した造船所である。

　この物語は造船所経営者とこれに関わる船会社の経営者の人間模様である。読者の理解に供するため、前もってそれらの名前をあげておきたい。まず造船所側ではエドワード・ハーランドとグスターヴ・ウルフ、ハーランドの教え子ウィリアム・ピリー（1847〜1924）、ピリーの同僚でのちに義弟となるアレクサンダー・カーライル（1854〜1926）、船主のほうはホワイト・スター・ラインのトマス・イズメイ（1837〜1899）とブルース・イズメイ（1862〜

1937）親子とロイヤル・メール・グループのオーウェン・フィリップス（1863〜1937）である。これらの人物はいずれも船を愛し、その建造と運航に壮大な夢をいだき、初期にあった蒸気船の発達に知恵の限りを尽くし、夢の実現に歩んだものである。

物語の核は数々の蒸気船を産みだすハーランド＆ウルフ造船所である。この造船所の生成には3人の人物が関っていた。中心をなすのはエドワード・ハーランドであるが、彼が造船所を転々としたのち、ベルファーストのR.ヒクソン造船所の設計技師の地位を得たのは、エドワードの叔父（トマス・ハーランド）の友人グスターヴ・シュワーブの紹介であった。グスターヴ・シュワーブはハンブルク生まれのユダヤ系ドイツ人で、リヴァプールに住んで金融業を行っていたようである。

そのうちに極東航路に進出したビビー・ラインに投資して経営に関ったのち、ハーランドがR.ヒクソン造船所を買収して1861年にハーランド＆ウルフ社を創業するときにもシュワーブは資金供与をしていた。

この関係でハーランド＆ウルフはビビー・ラインから船舶を多数受注

ベルファーストの造船所創業者のひとりエドワード・ハーランド

ベルファーストの造船所創業者のひとりグスターヴ・ウルフ

できて、造船業スタートの基盤ができる。これに先立ち、グスターヴ・シュワーブは従弟のグスターヴ・ウルフをハーランドに紹介、これでハーランド＆ウルフ社が創業される。

　ハーランドとウルフはビビー・ライン船の設計で当時のセンスでは型破りのアイディアを駆使する。帆船時代から採用されていた曲面の船底をフラットにし、ビルジ（船底の湾曲部）に角をつけたものだった。それが棺桶を連想させたことから《ビビーの棺桶》と揶揄されたが、その意図は船内スペースを最大にしようというものだった。

　棺桶型船体は後年にリファインの度を高めてゆくが、工数を最小限に絞った第2次世界大戦中の日本の戦時標準船で《ビビーの棺桶》が再現されたのは面白い。また、推進効率を良くするため船体の幅を従来以上に絞っていたが、ハーランドによれば魚の体型を参考にしてデザインしたとのことである。船体の幅を細くすることはその後のハーランド＆ウルフの特徴になる。

ハーランド vs イズメイの時代

　「タイタニックの悲劇」で世界中に名が知られたホワイト・スター・ライン（通称、正式名は Oceanic Steam Navigation Co. 以下ホワイト・スター）はトマス・イズメイが中心になり、1869年リヴァプールに設立した船会社である。

　イズメイはそれ以前、帆船による豪州航路の船主として知られていたが、ホワイト・スター設立に先立つ某日、グスターヴ・シュワーブ邸で晩餐会のあと、ビリヤードの最中にシュワーブがイズメイにこう持ちかける。「新会社がハーランド＆ウルフだけに発注するなら、必要資金の面倒は見よう」というものだった。イズメイの返答は「ハーランド＆ウルフが新会社のライバルとなる商船の建造

を引き受けないと約束すれば、提案を受けよう」ということで話が決まる。

これでハーランド＆ウルフがホワイト・スターの株式12％を取得、ホワイト・スターはハーランド＆ウルフ最大のクライアントとなり、両社の好関係はホワイト・スターがキュナード・ラインと合併する1934年まで続いた。この関係は30年前にサミュエル・キュナードがロバート・ネイピアの援助でキュナード・ラインを発足させたことと類似している。（§2参照）

ここでホワイト・スター創業者トマス・イズメイについて詳しく述べよう。ハーランドより6年遅い1837年にスコットランド・カンバーランドの小邑メアリポートで生まれた。まもなくトマスは製材業を経て祖父から造船業（帆船）を引きつぐ。トマスは幼少から小刀でボート模型を作ったり、沖合いの帆船を眺めるなどして夢を膨らませる毎日を送っていた。そのような環境で育って噛みタバコを覚え、友人からは《タバコのイズメイ》と渾名されるいっぽ

ホワイト・スター・ライン創業者のトマス・イズメイ

う、「船と海への愛着はほかの全てに優先した少年」と言われるほどになる。ハイスクール卒業後はリヴァプールの船舶ブローカー会社で実習する。日本と異なりイギリスではブローカーという職業は社会で高く評価されていた。実習を終えた19歳で帆船に乗り、ケープ・ホーンからチリ、ペルーまで航海して海運業への執着が不動のものになる。

その後、友人の協力を得て帆船業に乗り出すが、30歳の1867年にホワイト・スター・ラインの商号を他社から譲り受ける。イズメイ考案の燕尾形ホワイト・スター社旗を翻した帆船4隻は豪州、西インド諸島、南アメリカからカリフォルニアまで脚を伸ばしていた。

　蒸気船時代の本格化を感じたイズメイは、リヴァプールの資産家や実業家から資本を集めるが、蒸気船の配船先について役員のあいだで意見が分かれる。イズメイ自身はホワイト・スターの名前が知れ渡っていた豪州に気持ちが傾いていたが、航路の将来性に賭けて北大西洋に決めることになる。

　ただ言うは易く実行は難しいものだった。この時期の北大西洋には30年前からキュナード・ラインが高い名声をあげていた。そのほか優雅なクリッパー船首のインマン・ライン、アメリカ荷主と強いコネのあるギオン・ライン、それにナショナル・ライン（イズメイが役員）が盛名をあげていた。謀（はかりごと）は密なるをもって良しとなす、の方針から、ホワイト・スターの配船先は第1船就航ギリギリまで明らかにされていなかった。

ブレイクスルー客船「オセアニック」

　ネイバル・アーキテクトのハーランドとウルフが数々のホワイト・スター客船を産みだすが、その第1船が1871年竣工の「オセアニック Oceanic」（1世、3,707総トン）と姉妹船3隻である。これら客船には他社では見られない新機軸と性能が備わっていた。まず船体の長さと幅が10：1で、在来船の8：1を大きく凌駕していた。ハーランド＆ウルフはビビー・ライナーでこの船体を実現していた。

　「オセアニック」のデザインにはさまざまな"ブレイクスルー"が採用されていた。そのひとつは1等客用のキャビンが露天甲板の

最初のホワイト・スター・ライナーのオセアニック

中央部に造られていたことである。それで1等客はハンドレール付きの遊歩デッキで広々とした雰囲気に浸ることができた。これまでの船ではキャビンはすべて船体内部にあり、1等キャビンと食堂は帆船時代と外輪蒸気船時代の名残りで船尾に置かれていた。しかしこの場所は、スクリューの振動に曝されるから、高い料金で乗船した1等客には不満が募っていた。「オセアニック」の1等キャビンにはすべて舷窓があり、在来船のものより広かった。

　ダイニング・ルームは船幅一杯に造られており、従来の長椅子でなく一人用椅子が並んでいた。このアイディアはハーランドの愛弟子で、のちに後継者となるウィリアム・ピリーが欧州へ出張したとき観察したホテルからヒントを得たという。乗客は1等定員が166名、このほかに1千名の移民を乗せたが、前部におかれた男子用船室と鉄板で仕切られて夫婦用船室、その後部には女子の船室というレイアウトであった。

　エンジン配置であるが、2気筒セットになったレシプロ・エンジン2基は完全に隔離して据え付けられていた。これは衝突、浸水事故に備えた試みで、前代未聞といわれた。4気筒の出力は在来船「シティ・オブ・ブラッセル City of Brussel（3,081総トン、1869年

建造)の平方インチあたり30ポンドに対して2倍の65ポンド、14ノット航行時の1日あたり燃料炭消費は110トンに対して60トンであった。

1871年2月26日、「オセアニック」は造船所からリヴァプールへ回航される。4本マストと褐色の煙突がほどよく傾斜した新船を見た観衆は、スタイリッシュな美しさに見惚れて「これは客船でなく王室ヨットだ」と叫んだという。

「オセアニック」には後世まで残るアイディアが盛り込まれていたから、「この船が《モダン・ライナーの母》と呼んでも過言でない」とは20世紀のイギリス人が洩らした賞賛であった。船主のイズメイも「造船業に鉄が利用されるようになってからこれほど美しい、強固で安定のある船は見られなかった」と感嘆していたという。もっとも、ホワイト・スターの先駆船6隻の出帆広告のなかには、現代の常識では首を傾げたくなる次のような文面があった。

『診察の結果、精神障害、痴呆、言語障害、盲目、重傷者、病弱者のほか60歳を越える乗客は乗船拒否することあるべし』。

1874年になり、ホワイト・スターは5千トン型の姉妹船(ブリタニック Britannic とジャーマニック Germanic)の引き渡しを受け

オセアニック改良型のブリタニック

る。ホワイト・スターはハーランド＆ウルフに工事に関して白紙委任するほどの関係であったから、両社の親密さは、後年に造船所の役員が洩らした「ホワイト・スターのないハーランド＆ウルフは子供を失った母親のようなものだった」という言葉が示していた。

　ライバル会社は必然的にこれに拮抗する新船建造に取りかかる。美しいクリッパー船首のインマン・ラインは「シティ・オブ・ベルリン City of Berlin」（5,491総トン）を、老舗キュナード・ラインは「シジア Scythia」（4,557総トン）をそれぞれ1875年に就航させる。その後しばしば横断記録の樹立競争が続けられるが、最終的にホワイト・スターはスピードよりも、他社を凌駕するほどの船内設備で乗客を惹きつける路線を最優先にする。

　この時期に次代のハーランド＆ウルフを率いる人物が加わっている。前出のウィリアム・ピリーが15歳で入社して設計の実習を始めたのが1862年、1870年には「タイタニック」を設計するアレクサンダー・カーライルが15歳で入社していた。なおピリーはのちにカーライルの姉マーガレットと結婚して、義兄となっている。

　「オセアニック」よりひと回り大きい「ブリタニック」（5,004総トン、1874年）を手がけたころは、設計陣のチーフであるエドワード・ハーランドとエンジン担当のグスターヴ・ウルフが色々なアイディアを出して船に採り入れていた。そのひとつはプロペラ先端のシャフトが万能接ぎ手 universal joint で上下するもの（dropping propeller）であった。これは推進効率の向上のみならず、荒天航海時のプロペラ空転防止などを目的にしていたが効果があがらず、改造する結果に終わっていた。

　姉妹船「ジャーマニック」には強制通風装置が初めて設置されており、悪天候の航海中に威力を発揮した。このようにハーランドとウルフはさまざまな工夫を凝らしていた。これもそのひとつである

が、15年後に建造される「テュートニック Teutonic」(9,984総トン) で試みられた2軸プロペラ・シャフト配置 (シャフトの長さに5フィートの差をつけた) でも見られた。

かたやキュナード・ラインは、「ブリタニック」に対抗するため「アンブリア Umbria」、「エトルリア Etruria」(共に7,700総トン) を1884〜85年に就航させる。このとき「ブリタニック」は船齢10年の中年であったが、驚いたことに年を経るごとに速力が上がり、完成時に発表されていた航海速力15ノットが16ノットに上昇していた。

スーパーシップ「テュートニック」

19世紀のホワイト・スター客船の白眉といえるのは、1889年に竣工した「テュートニック Teutonic」、「マジェスティック Majestic」の姉妹船であろう。エドワード・ハーランド (この時期に Sir Edward となる) は「ジャーマニック」が完成すると間もなく、グレード・アップした客船の設計にかかり、5年後の1880年に設計が完成していた。このアップ・グレード船計画が萌芽するのは1885年9月、リヴァプール停泊中の社船「エイドリアティック Adriatic」船上のことであった。

イズメイ社長の招待で参集した株主100名のディナー・パーティが始まっていた。ハーランド&ウルフのサー・エドワードが壇上に立ち「1880年代の北大西洋には高価な船を建造して業績不振に悩まされる船社が多かった反面、ホワイト・スターだけは不況を乗り切っていた」と、イズメイ社長の舵取りをたたえたのち、感謝の気持ちを込めて、株主たちはイズメイに画家ミレーが描くイズメイの自画像を贈呈した。リヴァプールの新聞は『かような素晴らしいやり方で株主はホワイト・スター経営者の努力に報いた』と報道して

いたという。続いてパーティ・ホストのジャクソン議長が「さらに大型、高速の船を造る意思がイズメイ社長の胸中に芽生えているだろう」と演説して喝采を浴びた。

イズメイ社長は沈黙していたが、その心中にはホワイト・スターを大躍進させるアイディアが渦巻いていたのである。

この当時、ロシアの汎スラヴ主義と汎ゲルマン主義の対立で不安定になった国際情勢のもと、イギリス海軍省は艦隊勢力の整備必要性を認識していた。そのため複数の商船を補助艦として運用したことはあったが、性能や要目の点に難点があった。

ホワイト・スターのスーパーシップ計画（「テュートニック」計画）を知った海軍省は、新船を海軍省が希望する要目で竣工させることを条件に、多額の運航補助金を支給する。これが実現したのは、むしろイズメイが前もって海軍省に新船計画を提示して補助受給を働きかけたからと推測される。

かくて「テュートニック」は1887年3月、ハーランド＆ウルフ造船所で起工されるが、イズメイとサー・ハーランドの約束で、本船のスペックと建造については造船所側にフリーハンドが与えられており、1889年に竣工することになる。

「テュートニック」の基本設計は7年前にできあがっていたが、海軍省の要求と補助という新要素を入れて船のデザインとスペックがリファインされる。このとき、1862年に入社、1874年ハーランド＆ウルフのパートナー経営者の立場にあったウィリアム・ピリー（以下ピリー）と義弟アレクサンダー・カーライル（1870年入社、以下カーライル）が設計に加わっていた。

歴史に残る名船を産んだという意味において、ハーランド、ピリーとカーライルはイギリス造船界で名を残すに価するネイバル・アーキテクトになる。

海軍省のバックアップが保証されていたから、恐らくコストの懸念なしに3人が知能の限りを尽してデザインしたことであろう。だから「テュートニック」と「マジェスティック」に込められたデザイン・マインドと新機軸は瞠目に価するものであったのみならず、そのデザイン・コンセプトは時代を先どりしていた。

　L/B（長さと幅の比）＝9.9という極端にスリムな船体上に位置するハウス、ほどよい間隔と傾斜で立てられた3本マストと2本煙突の気品に満ちた船容は見る人を驚かせた。推進方式にも海軍省の意向が反映されていた。本船はハーランド＆ウルフ最初の2軸船で、3段膨張レシプロ・エンジン2基は別個のスペースに据え付けられ、各エンジン・ルームを仕切る隔壁は喫水線にまで達していた。そして左舷のプロペラ軸が右舷のものより1.5メートル長いという特異な構造であった。北アイルランドにある Ulster Folk & Transportation 博物館にはこのビルダーズ・モデルが保存されている。

その存在がドイツ皇帝に強く印象づけたテュートニック

仮装巡洋艦テュートニックを見学するヴィルヘルム2世

ドイツ皇帝の示唆で完成したドイツの高速客船KWDG

　「テュートニック」の初舞台は北大西洋でなくサウサンプトン沖のスピットヘッドであった。1889年7月25日竣工と同時に《仮装巡洋艦テュートニック》となり、8月1日に挙行されたヴィクトリア女王在位50年の記念観艦式に参列したのである。このとき「テュー

トニック」は4.7インチ速射砲８門も搭載していた。

　祖母がヴィクトリア女王という縁でドイツ皇帝ヴィルヘルム２世が招待され、皇帝は弟のプロシア・ヘンリー王子を連れて王室ヨット「ホーヘンツォルレン」で来航していた。この日、ホワイト・スターのイズメイ社長の案内で「テュートニック」を視察する。これにはウェールズ公（後のエドワード７世）が随伴していた。「テュートニック」の船内をくまなく視察した皇帝は、スマートながら精悍な船容に強く惹かれていた。王室ヨットで帰途につく皇帝がふと洩らした「わが国も一朝有事に役立つような、あのような客船を持たねばならない」の言葉が、その８年後のドイツに「テュートニック」を凌ぐ客船「カイザー・ヴィルヘルム・デア・グローセ Kaiser Wilhelm der Grosse」（KWDG）を産みだすことになる。

　「テュートニック」の商業航海は1889年８月７日のリヴァプール出帆で始まるが、クィーンズタウン（今のコーク）〜アンブローズ灯船（ニューヨーク港外）間を５日16時間31分、平均速力20.3ノットで走破してブルーリボン記録を更新する。「あのテュートニックで冬の荒海を行ってごらん。そうすれば本当の航海の味が分かるだろう」と、ある識者を感嘆させたのはこの時であったかもしれない。

　「テュートニック」、「マジェスティック」（共に9,900総トン）姉妹は強力なライバルと熾烈な競争に入る。ライバルとはインマン・ライン最後の客船「シティ・オブ・ニューヨーク City of New York」（３世）と「シティ・オブ・パリ City of Paris」（２世）（ともに10,500総トン）である。最初のレースは1890年８月にリヴァプールを同時に出帆する「テュートニック」と「シティ・オブ・ニューヨーク」のあいだで幕がきって落とされる。このレースはブルーリボン競争史で最も激しいもののひとつに数えられている。

このとき「テュートニック」には1、2等440名（定員490名）、スティアレジ客[1] 827名（定員1,000名）が乗船しており、両船の乗客がたがいに歓声をあげながらレースの行方を見まもるほどであった。結局「テュートニック」がライバルに4時間の差をつけてニューヨークに到着したときには、多くの在港船が汽笛を鳴らして祝福したという。

　こののち2年間、両社船のあいだで早着競争が繰り広げられたが、その名声でホワイト・スターはキュナード・ラインを凌駕してイギリスのナンバーワン船社の盛名をあげ、1889～1891年の輸送客数は1万7千名増えて5万名に近くなっていた。ライバルのインマン・ラインはリヴァプール～フィラデルフィア間の定期航路で創業したイギリスの会社であるが、大型化、高性能化を要求される客船の建造資金の調達が難しくなって解散してしまう。

ピリー vs イズメイの時代

　ホワイト・スター・ラインは創業時のパートナーの名を冠したイズメイ・イムリー社 Ismay, Imrie & Co. が持株会社となって経営されていたと判断される。最初から株式を公募せず、特定の出資者がパートナーとなって持株会社をつくり、傘下に船会社をつくる、そして規模が大きくなると資金調達を容易にするため株式を公募するという手法はイギリスの船会社に共通していた。

　ホワイト・スター創業時パートナーのトマス・イズメイは1891年、54歳で引退し、リヴァプール対岸にあるバーケンヘッドの豪邸に住み慈善事業に日々を送っていた。イズメイの長男ブルース・イズメイ（以下ブルース）は28歳でホワイト・スターのニューヨーク

---

1) スティアレジ客：個人船室の運賃を支払えない3等より下等の船客

代理店の経営を任されていた。このブルースが34歳の1896年、ホワイト・スター社長に就任すると、ホワイト・スターの建造路線が大転換する。スピード第一主義を捨てて豪華で快適なインテリアの客船に舵を切ったことである。ただ、これがブルース側の発想というよりも、ハーランド＆ウルフのウィリアム・ピリーがリードしたと推測される。

ここでウィリアム・ピリー（以下ピリー）の人となりに触れたい。アイルランドで名門の家庭に生まれたのち、15歳でロイヤル・ベルファースト・アカデミカル学院卒業後の1862年、ハーランド＆ウルフの製図工に採用され、ハーランドが手塩にかけるうちメキメキと頭角を現していった。ピリー自身は造船技師として出発したが、35歳の1874年にハーランド＆ウルフ経営のパートナーになったことから類推されるとおり、

ハーランド＆ウルフの２代目経営者
ウィリアム・ピリー

随一の説得力を武器に内外の得意先からの受注増加に寄与していた。このことは、ハーランド夫人が言った「夫は船を造るが、ピリーさんはその注文を取ってくる」という言葉が物語っている。またハーランドは「ウルフは船を設計し、ピリーは船を売ってくる、そして私は葉巻を吹かしている」と面白半分に言っていたという。

1891年のことだが、ピリーが南アフリカ旅行で港湾事情を調査したのち、ユニオン＝カースル・ライン（UCL）のエヴァンス副会長に軽喫水船の建造を進言したことが機縁となって親交を結び、UCLがハーランド＆ウルフの得意先になる糸口ができる。

ハーランドとパートナーになり、ハーランド＆ウルフの基盤を固めたグスターヴ・ウルフ（以下ウルフ）についても付言したい。ユダヤ教からルター教会派に改宗した両親のもとにハンブルクで生まれた。15歳のとき金融業を営む叔父（グスターヴ・シュワーブ）がいるリヴァプールに移り、リヴァプール大学で学んだのち、マンチェスターの会社で製図工になる。1857年、叔父の勧めでエドワード・ハーランドの部下になる。このときハーランドはベルファストの小造船所の職員であった。この縁でのパートナー関係ができあがる。4年後にハーランド＆ウルフがスタートしたとき、ウルフは弱冠27歳、ハーランドは30歳であった。

　ハーランド＆ウルフでのウルフはエンジン製作と管理業務を担っていたが、その一方、イギリスとドイツのユダヤ人社会に参入して注文を獲得することもあった。そのなかでウルフはユダヤ系ドイツ人アルベルト・バリーン（1857～1918）が経営するハンブルク・アメリカ・ライン（ハパグ）と親交を結んでいた。ハパグから新造船の注文はなかったが、他社用に建造したが引き取り拒否された客船2隻をハパグへ転売したことがある。

　ウルフは造船所での仕事以外にも手を伸ばしている。1970年代に設立したロープ製造会社ベルファースト・ロープ・ワークスを設立して会長となり、のちに世界最大のロープ製造会社に仕上げていた。現代の感覚でいえば《それほど多種の仕事ができるのか》であるが、造船王国を誇ったイギリスでも当時の造船業は発展途上の段階にあったから、関連事業に手を出すことができたのであろう。

　ウルフ最大の功績は1900年、ユニオン汽船役員の立場を利用してハーランド＆ウルフの受注に結びつけたのち、ドナルド・カリー（1825～1909）が所有するカースル・ラインとの合併を実現させたことであろう。ウルフはハーランドとともに下院に席を持っていた

が、二人はホワイト・スターの姉妹客船をもじって《マジェスティックとテュートニック》とニックネームされていたという。

　1874年にピリーがパートナーになってから、ハーランド＆ウルフの舵取り役はハーランド、ウルフ、ピリーの３人になっていた。ハーランドは造船業界での功績により1885年ナイトを授与されて男爵となり、４年後に引退する。こののち造船所はウルフとピリーの二頭経営となるが、この年のウルフは55歳の熟年、ピリーは42歳の男盛りであったから、経営のイニシアティヴがピリーに傾いたのは自然の成りゆきである。

　ピリーの義弟アレクサンダー・カーライル（1854〜1926、以下カーライル）は35歳で造船所の主任設計者となり、これから北大西洋に登場する数々のホワイト・スター・ライナー設計に腕を振るう。ホワイト・スターではトマス・イズメイが1891年に引退し、息子のブルースが社長になっていた。

大海原の貴族

　ホワイト・スターが建造方針の大転換を行ったことはすでに触れたが、その第１船「オセアニック Oceanic」（２世）を語るときがきた。北大西洋サービスは1893年に「カンパニア Campania」（13,000総トン）姉妹の高速船をキュナード・ラインが登場させるに及び、「テュートニック」姉妹の競争力が徐々に低下していた。

　この時期にホワイト・スターが新鋭船を計画したのは当然の成りゆきであった。当時のハーランド＆ウルフ設計陣を実質的に担っていたのは1883年から役員になっていたピリーと義弟カーライルであった。

　先の「テュートニック」姉妹にもピリーとカーライルのデザイン・マインドが入っていたが、ホワイト・スター新鋭船２隻は

「テュートニック」をさらにリファインした作品になる。その船名は「オセアニック」と「オリンピック」になる予定のところ、トマス・イズメイ会長の病状が悪化していたため「オセアニック」のみ工事が継続され、「オリンピック」建造は中止された。この名前が出現するのは11年待たねばならなかった。

　「オセアニック」はこの当時は世界最大の商船であったから、その誕生（進水）は造船所のみならずベルファーストの街にとっても大きな出来事であった。1899年1月14日は街中が休日となる。ホワイト・スターの進水式では他造船所にみられるような命名式はなかった。健康を損ねていたイズメイ会長は夫人とともに並みいるゲストに交じっていた。11時20分、船尾で信号旗が打ち振られ、祝砲が打ち鳴らされると、長さ215メートルの巨体は音もなくラガン河に浮かんだ。

　8月26日、「オセアニック」は母港リヴァプールに巨体を現すと

海の貴族と謳われたオセアニック（2世）

おびただしい観衆が港頭に現れてその美しさを賛嘆するほかなかった。17,274総トンの巨船に人びとがどれほど感動したかは、27日付のリヴァプール・デイリー紙に掲載された次の記事が物語っている。

『オセアニックの隣のドックには同じホワイト・スターのシムリックがいた。テュートニックより2,500トンも大きいシムリックだが、オセアニックのブリッジから見ると、まるで沿岸航路の船同然に見えた。彼女は巨大だがノッソリした巨大さでなく、優美なスタイルで大きいことだ。全体を眺めるとその美しさに眼を奪われるから、例えば船尾材が150トンもあるとか、プロムナード・デッキが120メートルもあるとか、2万8千馬力もの出力がある、などの数字を羅列されないと、大きさの実感が湧かない』

「オセアニック」がセールス・ポイントにしたのは客室設備の豪華さであった。とくに百万長者や女優などのためにバスつきスウィートが20室もあったほか、スティアレジ設備も格段に向上していた。このホワイト・スターの目玉商品がリヴァプールを出帆して1週間後にホワイト・スターの社主トマス・イズメイに最初の心臓麻痺発作が起こり、注目を集めた巨船の就航を確かめた2か月半ののちに息を引きとっていた。キュナードやインマン・ラインに対抗して汽船会社を立ちあげたイズメイの訃報は業界に衝撃を与え、メディアも追悼記事にページを割いていた。

イズメイが亡くなる少しまえのこと、ホワイト・スターで成功した秘訣を尋ねた人に対してイズメイは、「経営でも強欲路線はとらない。ライバルが弱くなってもキックアウトせず、手を差し伸べるのをモットーとしてきた」と言ったという。その一例だが、1880年代の後半、イギリス船社インマン・ラインが経営危機に陥ったとき、イズメイは知人の有力者に手紙を書き、『インマンの救済資金

を貴殿が半分出すのなら、私が残りの分を提供しよう』と持ちかけたという。結局この提案は拒否され、インマンはモルガン財閥の傘下にはいることになった。

ただ「オセアニック」には泣き所があった。高速を出すため、船体の長さと幅の比が10：1と極端にスリムなものになっていた。このために20ノット以上で航行できるにかかわらず、振動のため19ノット台でしか航海できなかったことである。結局この手法はその後の新造船で改められ、それ以降の船体ではこの比率が緩やかになる。ハーランド＆ウルフ設計陣の試行錯誤であった。美しい船容で評判になった「オセアニック」であるが、不運な事故でわずか15年の生涯を閉じる。第1次世界大戦勃発とともに仮装巡洋艦としてシェトランド諸島付近をパトロール中の1914年9月8日、暗礁に乗りあげて全損になってしまう。

ウィリアム・ピリー vs ブルース・イズメイ

トマス・イズメイ死去の3年前、子息ブルース・イズメイ（以下ブルース）が34歳でホワイト・スター会長に就いていた。ブルースは1912年の《タイタニック事件》で評判を落とすが、知人によると優秀な事務能力の持ち主の反面、世間の目に曝されるのを厭うデリケートな性格だったという。強い個性で事業を切り拓いた創業主を父にもった人物として、表面的に強いスタンスで自分のデリカシーをカバーしていたとの

ホワイト・スター・ラインの2代目経営者ブルース・イズメイ

快適な乗心地を目指して建造されたセルティック

評も伝えられている。その意味で、父親亡きあとのホワイト・スターの舵取りは、良きにつけ悪しきにつけ、15歳年長だったハーランド＆ウルフのピリー会長に影響されたと考えられる。

「オセアニック」の姉妹船はトマス・イズメイの健康上の理由で中止されたが、これに続くホワイト・スター・ライナーはピリー／カーライルのチームによって産みだされてゆく。その第1船はトマス・イズメイが死の直前に決めてハーランド＆ウルフに発注していた「セルティック Celtic」（20,904総トン、1901年）である。それはサイズと船内設備で「オセアニック」を上まわっていたが、スピードは16ノットという貨物船なみであった。この時期からホワイト・スターは《乗心地の良いスロー・スピードとデラックスな乗客設備のある快適性》路線に踏みだす。こうして就航するのが「セルティック」と「シードリック Cedric」の2万1千トン・ペア（1901年、1903年竣工）と、「ボールティック Baltic」、「エイドリアティッ

ク Adriatic」の2万3千総トンペア（1904年、1907年竣工）である。

　ホワイト・スター客船で1、2等客室の設備が優れていたことはすでに触れたが、スティアレジ船室の設備も他社船より優れていた。これはホワイト・スター設計陣のセンスが活かされ、スティアレジ集客のために費用を惜しまなかったブルース・イズメイの感覚に支えられていたものと考えられる。その点では、ドイツなどの船社はスティアレジへの対応は厳しかったとある。

　アメリカ政府移民局が移民輸送の事情を調査するためアメリカ人女性1名をボヘミア移民に仕立てて北大西洋を3航海させ、スティアレジ輸送状況を密かに調べさせたことがあった。彼女が1905年に乗船したのは北ドイツ・ロイドの「フリードリッヒ・デア・グローセ Friedrich der Grosse」（10,700総トン）、1907年の「ペンシルヴァニア Pennsylvania」（13,000総トン）と1909年に乗ったホワイト・スターの「シードリック」であった。

　ドイツ船の食事は辛うじて喉を通る程度で、病気になっても面倒を見てくれない、そして驚いたことにスティアレジ女性客を陵辱するスチュワードもいたとある。これとは対照的に、「シードリック」のスティアレジ用女性キャビンは4人部屋で、洗面所のほか鏡や洋服ハンガーまであり、ベルで合図するとスチュワードが駆けつけてくれる。食事はドイツ船より良いばかりでなく、スティアレジ専用のオープン・デッキも広かったとある。

　ホワイト・スターの資料によると、3等食堂には白いテーブルクロスに銀食器があり、メニューの裏は絵葉書で、これを使って投函すれば、船の良さが自然に伝わるように工夫されていた。このことからも、ホワイト・スターの乗客に対するスタンスの一端が読みとれる。

モルガン財閥とホワイト・スター

1902年、ホワイト・スターの存立に大きい影響を及ぼす出来事が起こる。アメリカ・モルガン財閥によるTOBで、仕掛け人は頭領のジョン・ピアモント・モーガン（1837〜1913、以下モーガン）であった。ロンドンに拠点をおく銀行家の父親に薫陶（くんとう）され、アメリカ東部での金融業に頭角を現し、19世紀末の金融恐慌で窮地に陥ったアメリカ政府を1873年から救済したことで一躍その名を知られることになった。

アメリカの金融王のジョン・ピアモント・モーガン

モーガンやアンドルー・カーネギー（1837〜1919）の活躍によって、アメリカでは輸送の公共性実現を期した州際通商法 Interstate Commerce Act が1887年に成立する。これを契機として鉄道財閥の大立者となったモーガンによって《公共的で安価な、安定した輸送》に鉄道輸送が指向された。

アメリカの不況に起因するが、20世紀に入ると北大西洋では激しい運賃競争が起こって海運会社は疲弊する。これを見たモーガンは、海運会社の統合が実現すればさらに広い意味で《公共の利益》になると確信する。1902年に IMM（International Mercantile Marine）という船主の持株会社が設立された。このアイディアにいたる過程を説明する。

北大西洋横断の交通は、東航はアメリカから英欧への農産物など、西航は欧州からアメリカへの移民輸送が主体であった。産業革命により蒸気船が登場すると、1840年に定期航路の先鞭をつけたイ

ギリスのキュナード・ライン、ドイツではハンブルク・アメリカ・ラインと北ドイツ・ロイド社がそれぞれ1856年と1857年に、1864年にはフレンチ・ラインが航路を開設して英欧船社が輸送の大部分を握っていた。

これに対抗してアメリカ資本では、クレメント・グリスコム（1841〜1912）が1873年にレッド・スター・ライン（ベルギー置籍）、バーナード・ベイカー（1854〜1918）が1882年からアトランティック・トランスポート・ライン（イギリス置籍）で航路を開設していた。とくにアメリカ国内各地から北大西洋を横断する出荷では、アメリカ船社の少ないサービスでは海陸接続の便宜が不充分だと、鉄道側が不満をいだいていた。

モーガンにIMM設立を決心させたのは、不満の的となったアメリカの海運業者でなかろうかと推測される。国内鉄道業者からの不満と意向を受けて動いたグリスコムとベイカーが、モーガンに資金協力を仰いでIMMが実現したというのが実態であろう。

モーガンは莫大な資金力で次々にイギリスの船会社を傘下に収めたのち、ホワイト・スターにTOBの触手を伸ばす。資料によると、このときモーガンが提示した買収金額は1千万ポンド（現在の価額換算は困難だが1,200〜2,400億円とも算定される）を超えるもので、そのうち3百万ポンドは1902年12月末にモーガンのロンドン事務所が現金で支払う、というものだった。このTOB提案はイズメイ一家にとって大きな打撃であったが、あまりにも魅力的なオファーであったから、株主が圧倒的に賛同して可決された。

こうして1902年10月に巨大な持株会社IMMが設立され、その傘下にはホワイト・スターのほかに、レッド・スター、アメリカン、アトランティック・トランスポート、レイランド、ドミニオン・ラインをもつ一大組織が出現した。IMMはさらにドイツの二大船社

（ハパグ、北ドイツ・ロイド）とオランダのホランド・アメリカ・ラインにもアプローチしたが成功せず、3社とは運賃協定を結ぶにとどまった。

IMMの触手はキュナードにも伸びるが、事態を重大視したイギリスのバルフォア首相はキュナードが計画中の巨船2隻（ルーシタニア、モーレタニア）への補助と引きかえに、キュナードを思い止まらせていた。

1902年には対米移民が著増する恩恵を受けたとはいえ、IMM傘下の船会社を利用した乗客数は6万4,738名を記録し、これにドイツ2船社の6万6,838名を合わせると北大西洋で圧倒的なシェアになっていた。これら船会社が運賃を協定すれば北大西洋航路が安定する可能性は否定できぬものだった。

IMMの役員にはグリスコム、ベイカーなどのアメリカ人実業家のほかに、二人のイギリス人実業家が参加していた。ホワイト・スター社長ブルース・イズメイとハーランド＆ウルフ会長ウィリアム・ピリーである。ピリーはすでにベルファスト市長も務めたあとの1906年にナイトを受爵してピリー卿となるが、その辣腕はIMM発足のときにも発揮された。

それは、IMM傘下の船会社が新造する商船はすべてハーランド＆ウルフが手がけるという途方もないディールを実現していたが、これはIMMのアメリカ人役員だけでなく、ピリー卿の対モーガン工作によることは間違いない。

ともあれ、IMMはおびただしい船腹を抱えたから、会社間でスケジュールの調整と船の相互融通によって、配船の効率化が可能となり、IMMの息がかかった船がニューヨークから毎日出航するデイリー・サービスが一応は実現する。しかしIMM傘下にある船会社数と性格があまりにも多岐にわたっていたので、配船事務のみな

らず経営上の問題調整がうまく行かなかった。

IMM初代社長クレメント・グリスコムが病身であったことから、モーガンがブルースを説得してIMM社長に据える。1904年、ブルースはホワイト・スター会長のままIMM社長兼常務取締役に就任、世界最大のグループ経営の全権を手にする。とはいえ、これはブルースが手がけているイギリスでの他の事業との絶縁を意味したので、不承不承の気持ちでニューヨークに住居を移していた。

北大西洋航路は西航では移民輸送というベースがある一方、東航では乗客が少ない片道輸送であった。それゆえ、1907年にロシアの船会社が口火を切った低運賃は次第に他社にも伝播して割引競争が激しくなり、遂には西航の1等料金まで引き下げる《バトル・ロイヤル》の様相を呈してくる。IMMもこれに巻き込まれて悪化する経営を維持するため、IMM船建造を一手に引き受けていたハーランド&ウルフに資金援助を仰ぐ。そのためハーランド&ウルフ自体も経営が悪化するという悪循環になっていた。北大西洋の運賃割引競争は1908年に北大西洋船客同盟が誕生して一応は終息する。

オーウェン・フィリップス vs ウィリアム・ピリー

ここで20世紀最大の海運起業者といえるイギリス人オーウェン・フィリップス（以下オーウェン。のちのキルサント卿）が舞台に登場する。ロイヤル・メール・ライン（以下RML。正式名Royal Mail Steam Packet Co.）を世界一の海運会社にしたのち、粉飾決算で起訴、有罪となる華麗な凋落をとげた人物である。

海事史に名を残す人物のなかには徒手空拳から身を興したものもあるが、裕福な環境に育って自分の能力と努力で成功した人物もある。ここに紹介するのは後者のほうである。

イングランド南部ウィルトシャで準男爵を世襲する牧師一家で、

兄二人も爵位をもつという素性の良い家庭の三男に生まれた。17歳のときニューカッスルの船会社でアプレンティス（apprentice；研修生、見習生）を8年間つとめたのち、長兄ジョン・フィリップス子爵の結婚相手が金満家の遺産を継いだことから、兄夫婦が手にした財産がオーウェンによる海運業への進出基盤となる。

その財務地盤を基にして、オーウェンは1888年にフィリップス社を

後半生にキルサント卿として活躍したオーウェン・フィリップス

設立、使用する船を探していた。その翌年、建造中の商船2隻が売りに出ているのを知ったオーウェンは、すぐさまこれを購入する。船の進水式では兄ジョンの夫人に命名依頼して感謝の念を表していた。これらの船が完成する1896年、兄弟はロンドンにスコッティッシュ汽船会社を設立する。この時期の活動は不明だが、記録によると1897年にロンドン海事投資会社を設立、1898年にはテムズ河の石油埠頭会社を買収している。いずれの場合もジョン夫人の手元にある莫大な遺産が事業の支えとなったことは間違いない。

これからオーウェンの本領が発揮される。それはRMLとの関りである。RMLは1839年、ヴィクトリア女王からカリブ海イギリス植民地への郵便（ロイヤル・メール）運送の勅許を得て開業、それ以後は南米東岸、西岸への航路を経営していた。しかし20世紀初頭になり、経営不振となって株価も下落していた。

これに着目したフィリップス兄弟は、株を買い占めて大株主となり、1903年にはオーウェンが会長となってRMLの立て直しに乗り

だす。この前年の1902年、オーウェンは39歳でウェールズの銀行経営者の娘メイ・モリスと結婚していた。メイはのちに父親から5千エーカー（6百万坪）の土地と12万5千ポンドを贈与されていたが、これがオーウェン自身の財務基盤になった。

RML会長として業界で名を挙げつつあったオーウェンに対して、ハーランド＆ウルフ会長のピリー卿がアプローチしたのは当然であった。が、話はその前のことである。オーウェンを訪ねたピリー卿が出した提案は、ハーランド＆ウルフはRMLの新造船を原価で建造する。そのかわり修繕入渠船の工事はすべてハーランド＆ウルフに発注する、というものだった。これは以前にピリーがホワイト・スターのイズメイ社長に出した提案に似ており、魅力的な申し出をオーウェンが引き受けぬ筈はなかった。これ以降、RMLの持ち船はすべてハーランド＆ウルフで建造されることとなり、後年、RML傘下に入るユニオン・カースル・ラインも同様の扱いとなる。

これが機縁となり、オーウェンVSピリーのあいだでは仕事のみならずプライベートでも親密な関係となり、身長2メートルの大柄なオーウェンは小柄なピリー卿をアポイント無しで訪ねられるほどの関係にまで発展していた。

好関係の最初の果実はピリー卿が仲立ちとなって成功した1910年のエルダー・デンプスター・グループの買収である。買収にいたる事情は不明だが、この会社が妥当な値段で入手できたのは、この西アフリカ航路の老舗船社の創業者サー・アルフレッド・ジョーンズとオーウェンが、同じくウェールズ人であったという地縁も作用したのかもしれない。

オーウェンの精力的な経営が奏功してRMLは5年で黒字に転換する。女王の特許会社を再生させた功績により、オーウェンは1909

年にナイト称号を受ける。それまでのオーウェンは、兄ジョンから援助を受けて会社の切り盛りをしてきたが、妻メイが継承した父親の遺産でRMLの大株主になったこともあり、この時期から他の役員に相談せずに事を決めるという専横的な手法をとるようになる。

これが他船社の買収行動に表れる。すなわち1910年のパシフィック・スティーム・ナヴィゲーション社（南米西岸線）支配、1911年にはランポート＆ホルト社（南米東岸線）、シャイア・ライン、グレン・ラインを傘下に収め、1913年にはユニオン・カースル・ライン（東、南アフリカ線）を支配する状態にまでなる。これら被支配船社は多数の船腹を擁していたので、いまやRMLグループは世界一の船会社になっていた。

しかし業界ではRMLの拡大手法に危惧をいだく識者が多かった。買収資金の調達が、元本を償還せずに利子だけを支払う社債（debenture stock）発行に拠っていたからである。第1次世界大戦中もオーウェンの買収欲は治まらなかった。1914年のモス汽船会社、16年にはロバート・マッカンドルー社、翌年には6社を傘下に収めるという勢いだった。

大戦中のRMLグループは大多数の持ち船を政府に提供したが、100隻を超える船腹を戦禍で喪っていた。1923年、その功績によりオーウェンは貴族院でキルサント男爵（通称Lord Kylsant、以下キルサント卿）となっていた。

戦時中ゆえ船価が上昇していたにもかかわらず、船腹補充の必要を感じたキルサント卿は、1919年から20年にかけて大量の船腹を発注する。このような事例は海事史ではよくみられるから、この行為を云々するのは後知恵だが、もう1年待っていれば4分の1の船価で、しかもモダンな設計で建造できたと批評されていた。

驚くことにキルサント卿は大戦終末期の1919年、P&O会長のイ

ンチケープ卿と接触し、同社が建造中だった商船のうち137隻の買取りを実行している。船台上にあったこれらの船は、戦後の復興需要によって容易に他社からの買手がつくだろうとの判断がキルサント卿にあった。しかし《戦後には不況が到来する》とのジンクスを引くまでもなく、荷動きの減少、運賃下落で歯車が食い違ってしまう。137隻のうち処分できずに残った70余隻をRMLが抱える破目になる。その買取り資金1,500万ポンドはRMLグループからの拠出と社債発行のほか、政府保証による銀行融資に頼っていた。

キルサント卿の相談相手だったピリー卿は南米旅行中の1924年6月、肺結核のため船上で亡くなる。そうなるとキルサント卿がハーランド＆ウルフ会長の職も引き継ぐことになる。

こののち、キルサント卿は北アイルランドの造船所と世界一の船会社の舵をとることになるが、その第一歩が1926年になされたホワイト・スター・ラインの取得である。買収には700万ポンドが必要であったが、実質アメリカの会社となっていた船会社をイギリスに買い戻すものだから、議会から好意的なバックアップを得て、政府保証による資金調達が容易にできる。

RMLグループは事業拡大に伴い資金調達で種々の問題を抱えていたが、キルサント卿は仔会社相互の株の持ち合いと、資金融通を巧妙に行うことで問題が深刻になるのを防いでいた。しかし1927年になると、RMLに資金的援助を行っていたハーランド＆ウルフが経営不振に陥ってしまう。

このようなトラブルの裏には、キルサント卿と兄ジョン（セント・デイヴィス卿）の確執が潜んでいた。キルサント卿が海運業へ進出したのちも資金援助を行ってきたジョンの立場から見て、キルサント卿が独善的に我が道を行くことに不安の念を懐いていた。それ以上に問題となったのは政治的スタンスの違いであった。二人と

もアイルランドの自由党員であったが、途中でキルサント卿が保守党に鞍替えしたことが二人の仲を決定的に裂く原因となったとされている。

セント・デイヴィス卿がRML役員を辞任して経営上の問題点が明るみに出ると、政府も黙視できなくなる。1931年2月、キルサント卿夫妻（Lord and Lady Kylsant）はユニオン・カースル客船で2か月の南アフリカへのクルーズに旅立っていたが、その留守中に政府任命の会計士がRMLの粉飾決算を調査していた。その結果、RMLが決算を粉飾して1926年と27年度に株主配当を続けていたことが明らかになる。

これでキルサント卿は10か月間収監されたのち、1932年に釈放されるが、有罪判決を受けた時点でキルサント卿はあらゆる爵位と地位を返上、オーウェン・フィリップスに戻っていた。裁判中のキルサント卿は人間としての威厳を失うことなく、責任はすべて自分にあると言って判決を甘受したとある。釈放されたキルサント卿がウェールズの邸宅に帰着したとき、人びとは邸宅の門を月桂樹で飾って温かく迎えたという。

1937年2月、キルサント卿はサリー州の邸宅で睡眠中に74年の生涯を閉じていた。海運界で波乱の活躍をして名を轟かせたウェールズ人には息子がなかったので、男爵位は無効になっていた。

後知恵的な視点からすると、キルサント卿のRMLグループ拡大行為は無鉄砲なものに映る。しかしオーウェン・フィリップス時代からRMLの業容を積みあげたキルサント卿であるだけに、その独裁的な手腕に周囲の人びとがクレームをつけることの難しさを物語っている。ただ、活発な買収行動がキルサント卿独りの判断だったと考えるのは皮相的で、裏にピリー卿の影があったのでないか、というのが筆者の推測である。クライドバンクの造船所に肩を並べ

て北アイルランドに根を張る造船所がRMLを世界一の大船社にさせようと、ピリーがオーウェンをそれとなくそそのかしたと想像するのは行き過ぎだろうか。

タイタニックをめぐる人びと

本論に入るまえ、ハーランド＆ウルフで設計責任者であったアレクサンダー・カーライル（以下カーライル）とトマス・アンドリューズ（1873～1912、以下アンドリューズ）について述べたい。

ピリー卿の義弟となるカーライルは多数のアイルランド人技術者を輩出したベルファーストの学校（Royal Academical Institution）に学んだあと、16歳でハーランド＆ウルフの研修生となり、7歳年長のピリーと机を並べる。

ハーランド＆ウルフのネイバル・アーキテクトだったアレクサンダー・カーライル

35歳で主任設計者になった1889年には、ピリーとともに《ブレイクスルー客船》「テュートニック」の設計にかかわり、デザイナーとしての高い能力が評判となる。カーライルのタレントが大きく発揮されたのは1901年完成の「セルティック」、「シードリック」姉妹船で、その美しいデザイン・マインドは1911年に完成する巨船「オリンピック」に受け継がれる。

カーライルの学校後輩であるアンドリューズは1889年、16歳でハーランド＆ウルフに入社してカーライルの薫陶を受ける。カーライルと異なり、アンドリューズは父親が枢密院にあって、親戚もの

ちのアイルランド首相という名門の出身であったうえに、ピリーの甥という恵まれた立場にあった。

「オリンピック」型巨船の計画が俎上(そじょう)にあった1907年、マネジング・ディレクターとなったカーライルを継いで主任設計者となっていた。だからこれら巨船はカーライル、アンドリューズの合作といえる。

1902年2月、ホワイト・スターがアメリカのモルガン資本に身売りして持株会社IMMの傘下に入ったのは既述のとおりである。これ以後、アメリカ資本の莫大な資金力がホワイト・スターの新方針《適度のスピードが出る大型船で、居心地の良い旅行を約束する》豪華船路線を推進する素となる。

タイタニックで殉職したネイバル・アーキテクトのトマス・アンドリューズ

1907年の某日、ニューヨークから渡英したブルース・イズメイはピリー卿の邸宅を訪問していた。食事のあと喫煙室でピリー卿が持ち出したアイディア、すなわち《キュナード船とスピードを競うのでなく、巨大さと船内設備の点でライバルを凌ぐ姉妹船》を建造する案であった。ブルースのほうも同じ問題意識を持っていたので、二人は意気投合する。この夜に生まれたアイディアが、客船史に残る名船であると同時に、平時で世界最大の海難を起こす巨船の建造に関するものであった。

当時の感覚で、この計画がいかに大規模なものであったか表現す

ることは難しい。単に《壮大な計画》と呼んでも、それは控えめな表現になってしまう。というのは、当時世界最大であった「ルーシタニア Lusitania」クラスに比べ、船体は30メートルも長い全長270メートル、総トン数は4万5千トンと5割も大きいという、怪物のような客船を3隻も造るものであった。

カーライルとアンドリューズはそれから1年間の心血を注いだのち、1908年に設計図が完成する。この客船は世界最大のみならず、世界一安全な船と宣伝されていた。どれほど安全に留意されていたかは、次のような革新的な船体構造を見てもうなずけるものだった。

船体は15の水密隔壁（watertight bulkhead）で仕切られ、隔壁はブリッジから遠隔操作で開閉されていた。仕切られた2区画が浸水しても、船は沈まない構造になっていた（注：現在の船は3区画浸水でも浮揚保持できる構造であるが、当時の建造基準には2区画浸水の規定さえもなく、その意味で、この客船は《不沈船》と考えられるものであった）。船体の全長にわたって造られた二重底はビルジ・キールの位置まで立ち上がっていた。

巨船3隻がどのように命名されるかは大きな関心事となる。ホワイト・スターが最初に考えたのは「ジャイガンティック」、「タイタニック」、「オリンピック」だったが、結局、第1船が「オリンピック Olympic」となり、第3船の命名は保留された。

1910年10月20日、「オリンピック」進水の日を迎える。貴賓用スタンドにはブルース、ピリー卿などのお歴々が見守るなか、長さ270メートルの純白の船体がラガン河に浮かんだ。世紀の巨船の誕生を見ようと、ベルファーストに集まった観衆は、それまでになく典雅で優美なカーヴに包まれた姿に息をのむ。艤装7か月後、1911年3月に竣工、4本煙突の麗姿をアイリッシュ海に現した。公式試

§4 ハーランド&ウルフをめぐる人びと 127

進水直前のオリンピック（右）と建造中のタイタニック（左）

運転では計画を上回る21.75ノットの快速を記録して、5月末に船主へ引き渡された。この日は偶然にも「タイタニック」進水の日で、J.P.モーガン一行もアメリカから駆けつけて姿を見せていた。

　乗客は定員（2,435名）の半分に過ぎなかったが、順調な航海ののち、7日目の朝ニューヨークに到着する。世紀の巨船を見ようと寄り集まった人でマンハッタン埠頭は埋まっていた。ニューヨークにはこれほどの巨船が横付けできる埠頭はなかったが、J.P.モーガンが予め港湾当局に圧力をかけ、浚渫(しゅんせつ)工事と埠頭整備が完了していた。

　「タイタニック」は1912年4月14日、氷山に衝突して平時の世界最大の海難を起こして1,503名の犠牲者を出す。このとき搭載された救命艇の不足が問題となったが、カーライルとアンドリューズは

技術者としての良心から、乗客定員に合わせた数の救命艇（48隻）を搭載するようブルースに要求していた。しかし当時のルールは総トン数を基準にして救命艇の数が決められていたから、ブルースはこれ以上のコストアップを嫌って受け容れず、20隻に止まっていた。

また、アンドリューズは水密隔壁の高さをBデッキ（ハウスの上から2番目）まで上げるように要望していたが、同様な理由でFデッキまでしか設置できなかった。「タイタニック」は2区画浸水計算で造られていたから、浸水が2区画に限られておれば安全であったかもしれないが、氷山衝突で5区画にわたって破口が生じたから、浸水が隔壁をこえて他区画に侵入して船の浮力を失わせたのである。

救命艇を含めた設計思想でカーライルはピリー卿と激論を重ねたといわれている。ネイバル・アーキテクトの良心が尊重されなかったカーライルは、1910年「オリンピック」が進水した後にピリー卿と袂を分かって退社していた。カーライルは1907年からアイルランド枢密院に席を持っていたが、「タイタニック」事件後にロンドンで開かれた商務省の調査委員会で証言していた。1926年、71歳の生涯を閉じている。

「タイタニック」だが、その処女航海にはホワイト・スターのブルース・イズメイ会長が乗船していた。ハーランド＆ウルフからはピリー卿が乗船予定であったが体調を崩したので、甥のトマス・アンドリューズが保証技師の資格で乗船していた。アンドリューズ技師は遭難で39歳の人生を閉じるが、生還者の証言から明らかになったアンドリューズ技師の最後の模様は次のとおりである。

1912年4月14日午後11時40分、「タイタニック」が氷山に衝突（厳密には擦過）したとき、アンドリューズは自室で船の手直し箇

サウサンプトンを出航してソレント海峡をゆくタイタニック

タイタニック遭難の絵（第4煙突はダミーだから煙は出ない）

所を調べていたが、衝突のショックが小さかったので気付かなかった。エドワード・スミス船長からの連絡を受けてブリッジに昇る。船体の破損箇所をくまなく調べ、船首部の水密5区画が海水で満たされているのに気付いたアンドリューズは、船長に「計算上で確かなことは、船は1時間しか浮いておられぬ。救命艇は絶対に不足している」と告げたという。

　乗客の避難が始まったのちもアンドリューズは各キャビンを訪ね、救命胴衣をつけてボートデッキに上がるよう告げてまわる。救命艇不足を承知のうえでアンドリューズはできるだけボートの定員一杯まで乗せるよう指示していたという。別の証言ではアンドリューズは気違いのようにデッキチェアを海に投げ込んでいたとある。午前2時、アンドリューズはボートデッキに現れ、退船をひるむ女性客に大声で叫んだのち、船長を探してブリッジに昇ったとのこと。

　ルーム・スチュワードのひとりが最後にアンドリューズを見たのは、船が完全に水没する10分前の午前2時10分。1等喫煙室にひとり立って暖炉上の壁にかかった《プリマス港》の油彩画を腕組みして眺めていたという。プリマス港は「タイタニック」がニューヨークからの帰途に寄港する予定の港だった。「タイタニック」が沈没寸前に船体が二つに折れたことが分かっているが、この喫煙室は折損部分にあった。

　アンドリューズの遺体は発見されていない。『アンドリューズは最期まで他人を気遣う英雄的な人だった』これは「タイタニック」生還船員たちから遺族に寄せられた証言である。

　ホワイト・スター会長のブルース・イズメイが遭難時に救命ボートで脱出していたことから、米英のメディアから厳しく非難される。しかしイギリスでの査問委員会が出した結論は、《イズメイ会

長は先を争って退船したのでなく、自分の周りに婦女子の姿がない状態で救命ボートに乗り移った。もし会長がそうしなかったとしても犠牲者数が1名増えただけ》と結論していた。

1913年、ブルース・イズメイはIMMとホワイト・スターの会長を辞任したのち、人に目立たぬように海事に寄与する仕事をなした挙句、1937年74歳で死去した。

ホワイト・スター、ロイヤル・メール、ハーランド＆ウルフその後

ホワイト・スター・ライン

1928年6月18日、ハーランド＆ウルフの844番船としてホワイト・スターから長さ1千フィート、6万トン型客船の建造受注がなされたと発表され、28日にはマスグレーヴ船台でキルサント卿出席のもと起工式が挙行された。このときキュナード・ラインもグラスゴーにあるジョン・ブラウン造船所の534番船としてほぼ同一サイズの超大型船を発注していた。

ホワイト・スター船のエンジン選定が業界の関心を集めていたが、内燃機関の推進者といわれたキルサント卿の意思で、ディーゼル・エレクトリック・エンジンという空前の推進方式になること、船名はホワイト・スター創業最初の船名「オセアニック」を踏襲すると発表されたとき、世間で大きな話題になっていた。

ところが1929年のニューヨーク株式大暴落に短を発した世界恐慌の波がホワイト・スターとキュナードに襲いかかり、不況による乗客減少⇒運賃収入減少⇒資金不足⇒造船所への支払不能という悪循環になり、資金不足となる。1931年にはベルファーストとグラスゴーでの建造工事がストップしてしまう。

この状態を打開すべく、当然ながらホワイト・スターとキュナー

ド経営陣はイギリス政府に建造補助を懇請する。工事中断は造船所の雇用に響くことから、政府も重い腰をあげる。こうして1933年末になって生まれた解決策はジョン・ブラウンの534番船の建造資金など（534番船建造費未払い分300万ポンド、運転資金150万ポンド、534番船第2船建造用500万ポンド合計950万ポンド）を融資するかわりに、ホワイト・スターとキュナードが合併するものであった。

キルサント卿は「オセアニック」建造を中断、すでに船台上にあった鋼材で2万7千トン型のディーゼル客船2隻（「ブリタニック」、「ジョージック」）の建造を発表していた。

1933年12月、ホワイト・スターとキュナード両社の役員は合併に同意、1934年5月10日に合併が発効、新会社名はキュナード・ホワイト・スター・ラインとなる。第2次世界大戦後の1947年になりキュナード側はホワイト・スター側が保有の株式を取得、1950年からキュナード・ラインとなる。面白いことに合併した1934年から1950年までのあいだ、社船のマストにはキュナードとホワイト・スターの社旗2流が掲揚されていた。旧ホワイト・スター・ライナーにはホワイト・スターの社旗がキュナード社旗の上にひるがえり、旧キュナード船では反対になっていた。

いまやホワイト・スターの名前は消えてしまったが、その後のキュナード・ラインはクルーズ客船上で《ホワイト・スター・サービス》と銘打って、船上サービスの良さを示すブランドにしている。

ロイヤル・メール・ライン

RMLは第1次世界大戦前からサウサンプトン起点の南米東岸、西岸航路で知られているが、キルサント卿逮捕にともなう事後処理のため、Royal Mail Steam Packet Co. の社名は1932年から Royal

Mail Lines Ltd. と変えて南米のほか、カリブ海、北米西岸への航路を経営していた。しかし1965年にファーネス・ウィジー社に買い取られたのち、1970年には香港の C. Y. トンの手に移行するが、間もなくハンブルク・スド社に買い取られて RML の名前は消滅してしまった。

ハーランド＆ウルフ造船所

　1968年のサッチャー首相の政策によって、クライド河畔の造船所が統合され、アッパー・クライド・シップビルダーズになり、ジョン・ブラウンを含む統合会社は廃業してしまった。これとは対照的に北アイルランドのハーランド＆ウルフ社だけは生き延びた。いまは海洋開発に関連したオイル・リグなどの建造に集中している。

§5 アルベルト・バリーン
―ドイツ皇帝の恩愛のもと世界一の海運会社に育てあげた海運人―

ハパグの北大西洋進出

 20世紀初頭の欧州では、イギリスが世界各地に持つ植民地との経済交流を基盤にして国力を充実しつつあった。これに対してドイツでは、宰相ビスマルクが率いる北ドイツ連邦の主導によって1871年にドイツが統一され、ドイツ帝国が誕生していた。1888年にこの帝国を引き継いだヴィルヘルム2世はヴィクトリア女王の孫にあたるものの、大英帝国に追いつき追い越せと対抗心を燃やしていた。英独両国の拮抗は海軍力の増強競争で如実に現れているが、これと並行して海運分野での勢力争いも展開されていた。

 この項では、ドイツ最大の海運会社ハンブルク・アメリカ・ライン Hamburg Amerikanische Paketfahrt Aktien Gesellschaft（以下ハパグ）に籍をおくひとりのユダヤ人実業家が、ドイツ皇帝の恩寵と信任を得て実現した壮大な経営とその終末を語ることとしたい。

 エルベ河支流・アルスター川の河口にあるハンブルクと、ヴェーザー河両岸に位置するブレーメンは、ハンザ同盟都市のひとつとして中世から交易の拠点として知られた都市である。近世になり北南米など遠隔の地への交通が開けるにつれ、両都市は互いに競争をしながら発展してきた。今は北ドイツ・ロイド社と合併したハパグ・ロイドとして知られるが、ハパグの始まりは、ドイツからニューヨークへの移住者輸送のために1847年ハンブルクに設立された海運会社にさかのぼる。

 1848年から49年のあいだの欧州諸国では王制に反対する共和制推

進運動が起こったものの、いずれも抑圧される。このように不安な社会情勢に嫌気がさした圧倒的な人びとが北米へ移住する流れが起こった。このなりゆきに乗じてドイツでも数多の旅行代理店が開業、激烈な集客競争が展開されていた。

ハパグが「ドイッチラント Deutchland」ほか5隻の700トン型帆船でニューヨーク航路開設したのはその頃であった。ところが偏西風とメキシコ湾流のため、往航は40日もかかっていた。

このような状況では企業の存続に問題が生ずると、社内で喧々諤々の議論がなされたすえ、1853年12月になり蒸気船への転換が決まる。それで資本金を4倍増資（200万マルク＝10万ポンド）して新船建造に乗り出す。

ハパグ最初の蒸気船となる2千トンの船2隻はイギリスのケアード造船所に発注される。両船はプロシア、ハンブルクをラテン語表記にした「ボルッシア Borussia」、「ハンモニア Hammonia」と命名される。

1856年、両船はニューヨークに向けて処女航海の途につくが、その1年後のハンブルクで、デンマーク系ユダヤ人サミュエル・ヨセフの7人家族の末っ子としてアルベルト・バリーン（1857〜1918、以下バリーン）が生まれていた。

ハパグを世界一の座においた
アルベルト・バリーン

モリス社からハパグへ

当時から現在まで、客船会社は旅行代理店による集客に依存することは変わっていない。父親サミュエルは1852年に旅行代理店モリ

ス社の共同経営者となり、事務所は自宅を兼用していた。

　少年から青年時代のバリーンについては、ベルンハルト・フルダーマン著の『Albert Ballin』から引用する。個人教授で会得した英語と数学、とくに英語は驚くほど流暢に話せるようになっていた。音楽は少年時代から最も好きな趣味で、チェロの腕前は相当な域だった。そのほか、文学、歴史や政治の読書に没頭し、驚異的な記憶力を示していた。外国人の性格や手法は本だけでは分からないが、バリーンは海外出張のときに会得していたとある。

　旅行代理店同士の激しい競争で、モリス社の経営は順調でなかったが、1874年に父親が亡くなり、バリーンは17歳で事業に関ることになる。その３年後、パートナーの持ち分を譲り受けて自身が代表者になると、バリーンの実力が発揮される。

　バリーンがモリス社の代表になる前のことだが、イギリス（主としてリヴァプール）へ幾度も出張したとき、現地の同業社主と親交をかさね、仕事のコツを教えられていた。この経験がバリーンその後の活動に役立ったばかりでなく、後年ハパグに採用される道筋がついたのである。

　1870年代にニューヨーク航路を経営するドイツ船社はハパグとアドラー・ライン（1872年開業〜1875年ハパグに吸収）がハンブルクを起点とし、北ドイツ・ロイド社（以下NDL）がブレーメンから発航していた。近隣の国では、オランダのホランド・アメリカ・ライン、ベルギーのレッド・スター・ラインがあり、激しい集客競争を展開していた。ドイツ、オーストリアなどからの移民はすべてドイツから乗船していたわけでなく、ハンブルク、ブレーメンからフィーダー船でリヴァプールにゆき、そこからイギリス船で渡航する客が多かった。これは移住者数が多かったことと、それらをニューヨークまで運ぶに充分な船腹がドイツになかったからと考え

られる。

　ハンブルクからの移住者数だが、1879年に25,000人だったものが、翌年に69,000人となり、1881年には123,000人と著増していたが、多くは欧州からの移民であった。ハパグとNDLは自身が集客部門を持っていたから、モリス社はアメリカン・ライン（リヴァプール〜フィラデルフィア〜ニューヨーク航路）の集客代理店であった。そのうち、イギリス乗り換えでなく、ハンブルクからの直行便を希望する移住者が多いことに気づいたバリーンは、1881年に貨物専門のカー・ライン（ハンブルクの実業家エドワルト・カーが開業）にアプローチして、上甲板にスティアレジ用の客室を設置した貨客船を就航させる。モリス社がカーの集客代理店となり、バリーンが実質的に切り盛りして、カー・ラインはスティアレジ輸送で頭角を現すようになる。

　いっぽうハパグだが、社内ではスティアレジ集客の必要性に気づいていたものの、それに動き出さなかった。理由はアウグスト・ボールテン（1812〜1887）の会社にあった。アウグスト・ボールテンはハパグ創立に関った事業家で、海運業のあるべき姿への一見識により、スティアレジにまでに手を出すべきでないとの意識があったうえに、ボールテンの会社がハパグの北米向け貨客のセールス業務を請け負っていたから、ハパグ自身も身動きならなかったのである。

　カー・ラインでのバリーンの手腕に注目したハパグは1886年5月、バリーンを北米船客部長に迎える。この機会にカー・ライン業務はハパグの組織に組み入れられた。

　幸運にも、というのは失礼だが、アウグスト・ボールテンはバリーンがハパグに迎えられた翌年に死去する。1888年、バリーンはハパグで最年少の役員に選任され、これからハパグはスティアレジ

獲得に傾注できることになる。この時期、ライバルのNDLは、名会長ヨーハン・ローマンのもと、《ブレーメン〜ニューヨーク9日間》を標榜した高速船を就航させていた。スピードに余裕があったから正確なスケジュールの運航であったことが利用者の人気を得ていた。さらにスティアレジの客層もつかみ、輸送数でもハパグを凌いでいた。

伸長するハパグ

この時期からバリーンはドイツ実業界に頭角を現し、のちに国際海運界最大の人物への道を歩むことになる。だが、キリスト教に改宗しないユダヤ人であることから、《ハンブルクのユダヤ人 Hamburg Jew》と周辺から冷笑の視線は変わらなかった。そのハンディキャップを背負いつつハパグを世界一の海運会社にした足跡は深い感慨なしには語れぬ重みがある。

当時のドイツはヴィルヘルム2世が統治する君主政治のもとにあったから、国王の意向が海軍、ひいてはその補助勢力となる海運の経営に影響を及ぼしていた。この Hamburg Jew の人柄と能力を高く評価したヴィルヘルム2世だけは、バリーンに変わらぬ親しみを抱き続けることとなる。

バリーンをバックアップしたヴィルヘルム2世

船客部長に就任した翌年の1887年、バリーンは支店開設を兼ねてニューヨークに出張、モリス社時代の知己から高速船による急航サービスの必要性をアドバイスされる。バリーンは帰国後、ハパグ

首脳を説得して、初めて帆装を廃したツイン・スクリュー蒸気客船2隻の建造に踏み切る。その建造にあたっては、複数の造船所から見積もりをとり、互いに船価を競い合わせていた。このような競争入札は、当時はまだ行われていなかったのである。

こうしてハパグ最大、最高速の7〜8千トン型客船4隻のうち2隻が初めて国内造船所に発注され、1889〜1890に完成する。新船のスタイルだが、それまでの船はバウスプリット（bowsprit ＝帆船などで船首に突き出ているマストのような斜角円材）つきの傾斜船首であったが、バリーンが考えたのは鋭くとがった直立船首というスタイルで、在来船のシルエットを一変するものだった。

新船では定員580名のスティアレジ船室にも電灯が取り付けられていた。それまでの1等客定員は100名前後であったが、新船では400名もあり、貴顕紳士はロココ風の階段を通って2デッキぶち抜きのダイニング・ルームに入るようになっていた。このうちの1隻は「アウグスタ・ヴィクトリア Augusta Victoria」と、皇妃の名前を冠していた。これにはバリーンが皇帝の恩寵を得たいという計算があり、これを契機に二人の間に芽生えた友情は、ドイツ帝国崩壊まで続くことになる。もっともこの命名には後日譚があり、皇妃の名前は女性名には珍しいアウグステ Auguste だったことに気づき、1897年の改造時に改められている。

ドイツ船主は草創期にイギリスの造船所に発注して船隊を整備し、ドイツ造船業の発展につれて自国で建造する過程を経ている。ハパグも同様の経過をたどっているが、スタイリッシュな商船を産みだしていたアイルランドのハーランド＆ウルフ造船所（以下H&W）とハパグの関係に触れたい。

H&W 中興の祖というべきウィリアム・ピリー（1847〜1924、1906男爵、1908年ナイト称号）はバリーンよりも10歳年長である

ハパグがハーランド＆ウルフに発注したアメリカ

が、バリーンがハパグの船客部長になってから接点が生じていた。互いの人柄に惹かれたことから信頼のおける交友関係を保つことになる。

H&Wはハパグに対して常に船台１基を空けておくこと、契約にあたりハパグはH&Wにコスト＋定率の利益を保証するという、きわめて特異な決め方がなされていた。このような契約条件であったのは、ひとえにバリーンがH&W技術を信頼していたからで、ピリーもこれに応えて優秀な商船を産みだしたのである。

ハパグからの発注は1894年の「ペルシア Persia」（5,796総トン）から始まり、1910年に終わっているが、それらのなかには、１万３千トンの「ペンシルヴァニア Pennsylvania」（1896年）や２万２千総トンの「アメリカ Amerika」がある。これに平行して、ハパグは同型船をドイツの造船所へも発注して技術習得を助けていた。

バリーンにはもともと船のデザインへの美意識と乗客の意に沿う客船設備への関心があったから、H&Wとの接触でピリーからいろ

いろ教わったことであろう。

　ハパグに限らず、北大西洋定期を経営する船社の泣き所は、時化に見舞われるからと、旅行客が減少する冬季を如何にして乗り切るかであった。この対策はバリーンの発案と思われるが、高速客船を地中海に航海させることであった。1891年にハパグとして最初のクルーズが試行されたが、これにはバリーン自身がホストとなり、13寄港地をめぐる6週間のクルーズであった。使用船は新造間もない「アウグスタ・ヴィクトリア」だったことから大成功を収めている。

　NDLはニューヨーク向けの乗客輸送でハパグを凌駕する勢いを駆って、シュテッチンのフルカン造船所に世界最大、最高速の客船を発注する。1898年3月、ドイツ帝国最初の皇帝の名を冠した「ヴィルヘルム大帝 Kaiser Wilhelm der Grosse」（14,349総トン、22ノット）で、ニードルズ（ワイト島の灯台）〜サンディ・フック（ニュー・ジャージー州の岬）間を5日20時間、平均速力22.3ノットで走破、ブルーリボン[1]記録を樹立した。

　このニュースは世界中を驚かせたが、アルベルトもその例外でなかった。本船に乗ったある客が「ローリング・ビリー Rolling Billy」とハガキに書いたように、高速を出すために設計された細身の船体だったから横揺れが激しかったらしい。バリーンも就航まもない頃、ニューヨークまで乗船して船内で観察を巡らせていた。

　帰国したバリーンは役員会で、このような高速船は運航費負担が大きいから格好の投資でない、と報告していた。ところがNDLの目玉船への対抗意識を断ち切れず、ハパグは同じくフルカン造船所へ「ドイッチラント Deutschland」（16,703総トン、22ノット）を発注する。当然ながら、「ヴィルヘルム大帝」よりも改良された設備

1）ブルーリボン：北大西洋横断記録を樹立した商船に与えられる名誉。その商船にはブルーリボン・ホルダーの称号が与えられる

ハパグが NDL に対抗して就航させたドイッチラント

と性能に仕上がっていたから、1900年から2年間、北大西洋のブルーリボン・ホルダーの地位を獲得する。

　高速客船の就航で人気の出た1901年には、NDLが乗船客数でハパグをうわまわっていた。運航船腹では世界最大の地位を占めていたハパグが打った大ヒットは、内陸から乗船地に集まってくる移民のため、ハンブルク港頭に大規模な移民村を作ったことである。移民はハンブルクから出発するまで港頭で何日か過ごさねばならない。そのために旅行代理店と船会社は宿泊の手配をせねばならない。この施設は発案者の名をとり、《バリーン・シュタット＝バリーン町》と名付けられ、主として東欧からのユダヤ人移民のため、30棟の建物で最大5千人を収容するものだった。

　ここでバリーンを知る人物が述べた人間像を紹介したい。「詰まった脳味噌を思わせるほど大きい頭、太い鼻の下にたくわえられた美髯と厚い唇であった。一見してゴムでできたと思われるコミッ

バリーンが皇帝一家にクルーズを提供したプリンツェシン・ヴィクトリア・ルイーゼ

クな顔だが、相手を射るような視線は誰でも惹きつけて、朗々とした音声はメロディに溢れていた。どのようなテーマでもウィットに富んだ話ができ、相手のムードを素早く読みとる能力があった」とある。

このような人柄であったから、ヴィルヘルム2世が気に入ったのは当然の成りゆきであった。しかし皇妃（アウグステ・ヴィクトリア）を筆頭に、ホーヘンツォルレン朝の係累はアンチ・ユダヤ人意識で固まっていた。それだけにバリーンの皇帝一家に対する献身は並大抵なものではなかった。

「アウグスタ・ヴィクトリア」就航間もない1889年の夏、皇帝一家に船ごと提供してクルーズを行っただけでなく、1900年には皇太子妃の名前を冠したクルージング・ヨット「プリンツェシン・ヴィクトリア・ルイーゼ Prinzessin Victoria Luise」（4,409総トン）を建造して皇帝一家に提供した程である。NDLも新造される北大西洋客船に、皇帝一家の名前を付けていた。

バリーンは折にふれて自社船に乗り、航海中に気づいた細かい点までメモして社内に出している。例えば、①両開きトランク収納ス

ペース不足、②バター皿が小さすぎる、など細大漏らさぬポイントが書かれていた。

実業家としてのバリーンの性格は《やる気満々》というよりも《相手に合わせながら妥協点を見つける＝外交術で言われる Yes, but……》タイプと評されている。これは、ものの考え方は flexible にすべき、と言い換えられる。「こうあらねばならない」とか「私の主義はこうだ」とするタイプの人間は排除すべきと考えていた節がある。その所為か、役員会にはエンジニアを入れなかったというのは興味深い。

ともあれ、ドイツ最大の船会社ハパグでバリーンが縦横に腕を振るって会社を大きくできたのは、バリーン自身が海運業に関った期間がドイツ帝国の興隆期にちょうど一致していたからといえる。

モルガン財閥と日露戦争

巨大なアメリカ金融資本を率い、鉄道網を傘下に収めるジョン・ピアモント・モーガン（1837〜1913）は、北大西洋航路での独占が実現すれば鉄道ネットワークとの組み合せで、適正コストによる輸送が可能となり、ひいてはアメリカ経済が安定すると考えていた。

そのためには、航路を経営する船社がひとつになれば大西洋交通の秩序が保たれるという確信から、莫大な資金力で吸収合併に乗りだす。このためにモルガン財閥は1902年、インターナショナル・マーカンタイル・マリン社（IMM）という持株会社を設立、触手を伸ばしてきた。これで1902年末までに、ホワイト・スター・ラインほか10社もの船会社が傘下に入った。

モルガン財閥の触手はドイツにも伸びてくる。対象はむろんハパグと北ドイツ・ロイドであるが、ここでバリーンはドイツ船社を代表してニューヨークに赴き、モーガンや IMM 側と掛け合ってい

る。モーガンの言い分は、アメリカから欧州への荷動きの7割は内陸から鉄道で輸送されている。だから理屈としては、もしアメリカ鉄道がソッポを向けば英独船社は干上がるだろう、というものだった。

　交渉の過程では運賃プール・ポイントが焦点となって交渉が難航、最後にはモーガンからバリーン自身がIMM代表者として取りまとめるよう依頼される一幕もあった。しかしバリーンはヴィルヘルム2世との親交を重視してモーガンの提案は受けなかった。とにかくバリーンとしては、皇帝の同意をいちいち取り付けながら交渉を進めるという、きわめて気骨の折れる役割を強いられていた。

　IMMとの話合いは1901年秋から1902年まで続き、株式交換することでドイツ船社は独立の立場を貫くことができた。なおキュナード・ラインは計画中の大型客船2隻（「ルーシタニア」と「モーレタニア」）の建造補助を政府が行うことで独立性を保っていた。

　日露戦争とハパグの関係に触れたい。1904年に開戦となるや、ロシアはバルチック艦隊の東洋派遣に先立って補給船や病院船など補助船腹の手当てに迫られていた。ニコライ2世は親しかったヴィル

ハパグがロシアに譲渡したアウグステ・ヴィクトリア

王室に気に入られようと后妃の名をつけたカイゼリン・アウグステ・ヴィクトリア

ヘルム 2 世に対して協力を要請してくる。これがドイツ皇帝と気脈を通じていたバリーンに伝えられ、ハパグは「アウグステ・ヴィクトリア Auguste Victoria」(7,661総トン、1889年建造)、「フィユルスト・ビスマルク Furst Bismarck」(8,430総トン、1890年建造)、「コルンビア Columbia」(7,368総トン、1890年建造) ほか 2 隻の北大西洋客船をロシアに譲渡している。ハパグにはこの売却で莫大な利益が懐に転がり込んだと記述されている。

さらに遠征艦隊への燃料炭補給という大仕事があった。ケープタウン、アデン、コロンボ、シンガポールなどの給炭地はイギリスの支配下にあったから、日英同盟のよしみで艦隊への協力は期待できない。それでハパグはこの業務を一手に請け負ったのである。これには前もって、給炭帆船をあちこちに派遣、洋上で補給するという変則的な手法が採られた。

結局ハパグはこの事業で2,250万マルクもの収入を得て、それが

1905年以降に完成する「アメリカ Amerika」（22,225総トン）、「カイゼリン・アウグステ・ヴィクトリア Kaiserin Auguste Victoria」（24,581総トン）のほか、北大西洋以外の航路に配船される客船、貨物船への投資のほとんどを賄うことができた。これに至る過程で皇帝とのみならず、ロシア当局との交渉に東奔西走した経緯がバリーンの書簡に残っている。

スピードからラグジュアリーへ

　NDLは「ドイッチラント」に負けじと、1901年に「クロンプリンツ・ヴィルヘルム Kronprinz Wilhelm」（ヴィルヘルム皇太子）、1903年には「カイザー・ヴィルヘルム2世 Kaiser Wilhelm II」を新造するが、ハパグは高速船を発注しなかった。この理由は、大出力エンジンに起因する振動と頻繁なトラブル発生が「ドイッチラント」の運航で顕在化していた。だから、長期投資に不適として高速船路線を転換していたのである。

　ハパグの選択は《スピードよりもラグジュアリー》主義で、船内設備とサービス向上で客の好みに訴えるものだった。前述したとおりロシアへの中古客船売却で得た資金で世界最大の客船「アメリカ」と「カイゼリン・アウグステ・ヴィクトリア」を建造する。両船を『large and comfortable ship with moderate speed』と標榜した宣伝がなされていた。スピードは速くなかったが、当時世界最大サイズで設備の良さは群を抜いていた。1等スペースはまるで宮殿のようだ、と乗客の人気を呼んだほか、3等室の一部も個室並みであったので、スティアレジが争って乗船したという。

　1906年にはバリーンの名をとった移民収容所（バリーン・シュタット）が拡張されて敷地5万平方メートルとなり、180名のハパグ従業員が勤める規模になる。この年、ハパグは10万2千人もの移

バリーン・シュタットで待機する移民たち

民を取り扱い、1908年になり、ニューヨークへの乗客輸送数で北ドイツ・ロイドを凌駕する。ハパグと北ドイツ・ロイドの集客競争は抜きつ抜かれつで推移する。

　第1次世界大戦直前の1913年には、欧州からニューヨークへの渡航客134万人のうち、スティアレジはわずかであった。ところがアメリカへの移民制限がなされる直前の1920年には、3千万人にも達していた。1910年時点でスティアレジ運賃は50ドル、1等の最高船室は4千ドルになっていた。ところが船会社から見ると、スティアレジからの運賃収入は全体の3分の1を占め、利益の2分の1を稼いでいたのである。

アルベルト・バリーン最後の客船

　1890年にドイツ宰相ビスマルクが退陣すると、ヴィルヘルム2世は英、仏などと対立政策をとる。とくに独英両国は海軍力の強化に

全力を注ぎ、ドイツ海軍の筆頭に立ったのはティルピッツ提督で、対するイギリス側を率いたのは若くして海軍大臣になったチャーチルであった。外交では３Ｂ政策をとるドイツに対して、英、仏、露が1891年から1897年にかけて三国協商を結び、３Ｃ政策の路線をつくる。このように各国の利害対立が顕著になりつつあった。

ハパグが1909年に中速の大型客船を就航させる前の1901年、ホワイト・スター・ラインが高速船路線を放棄した「セルティック」、「シードリック」という２万総トン、16ノットの姉妹船を建造していた。この方針が1908年に起工され、1911年に就航する「オリンピック」に継承されるが、バリーンはこの４万５千トン型客船の建造計画に強く印象付けられていた。

この結果、ハパグは1910年に空前の巨船、５万トン型豪華客船３隻の建造を発表した。まさにこれら客船が《平和のために競争する》手段になる筈であった。

インペラトール進水式に来場した皇帝とバリーン（皇帝から一人おいた左の人物）

「オリンピック」が3連成蒸気機関プラス排気タービン利用の3軸船であったのに比し、ハパグの巨船はタービン・エンジンの4軸船という近代的な推進方式をとっていた。1番船はハンブルクのフルカン造船所で1910年6月18日に起工され、1912年5月23日に進水する。船名は「オイローパ」（欧州）となる筈であったが、大々的なメディア報道にヴィルヘルム2世が異常な関心を示したことから、皇帝になぞらえて「インペラトール Imperator」（語源は古代ローマ皇帝の尊称だが、ドイツ皇帝の尊称とされた）と決まる。

バリーンが懇請したことは明らかだが、進水式にはドイツ陸軍帽をかぶり大元帥の制服に身を包んだ皇帝が主賓として臨席、命名台に昇ってシャンペン・ボトルを割った。52,117総トンの巨船は、翌年6月にクックスハーフェンから世界最大の船としてニューヨーク向け処女航海の途につく。

客室設備の豪華さでは、それまで当時世界最大といわれた「オリンピック」を凌ぎ、船体の長さも10メートル近く上まわっていたことは、ハパグのみならずドイツ国民の誇りをいたく満足させるものだった。究極的な巨船と思われた「オリンピック」の影を薄くするような船の登場は世界を瞠目させたばかりでなく、ハパグにとってはこれ以上に望めぬ宣伝効果を発揮したのである。

「インペラトール」の要目だが、どれも驚異的な数字なのに驚かされる。全長277メートル、幅30メートルで、最大7万4千馬力の蒸気タービンで4翼の4軸プロペラで最高24ノットを記録した。燃料炭庫には8,500トンもの石炭を積載できた。乗客定員は1等908名、2等972名、3等942名のほかに1,772名のスティアレジを収容した。

「20世紀には北大西洋の旅客は富裕客もスティアレジも確実に増えるから、設備さえ良くすればお客は来る」と予見していたバリー

ンだから、富裕層用の1等ラウンジは700人も座れる途方もない広さがあり、ヴィルヘルム2世の胸像や等身大の油彩画がかけられていた。スティアレジ設備も大部屋でなく4人部屋などに分割されていた。

　某日のエルベ河には、試運転に向かう「インペラトール」の姿があった。河岸にたたずむ人びとの目を奪ったのは巨大な船首飾りであった。王冠を頂く鷲が翼を広げて地球に止まっているもので、地球の部分にはMEIN FELD IST DIE WELT（わが庭は世界なり）とハパグの標語が刻まれていた。ドイツの国威を象徴するようなフィギャヘッドは話題になった反面、トップヘビーの不安定な船であることが分かる。進水直前に「タイタニック」事件が起こったので、「インペラトール」には船体構造の二重化や救命艇が増設されたことが重心上昇の原因のひとつに数えられていた。

　航海中に僅かな横風を受けて傾くほか、ニューヨーク入港時に、

インペラトールの大社交室。奥には皇帝の胸像がある

インペラトールの船首に取り付けられた鷲のフィギュアヘッド

自由の女神像を見ようと、多数の乗客が左舷に集まると少し傾いたという信じられぬエピソードもあったという。

そのような航海にもかかわらず、「インペラトール」の処女航海には3千100名が乗船していた。たまたまこの航海中にヴィルヘルム2世が即位25周年を迎えるが、乗船中のバリーンは皇帝に祝電を送り、処女航海の成功を告げていた。この時期からバリーンと皇帝の親交はいっそう深まり、バリーン邸や宮殿で、毎月一度は食事をとるほどになっていた。

航海8日後の6月18日、「インペラトール」はニューヨークに着く。折りしも僚船「アメリカ」がハドソン河を下って出航して行くところだった。このとき、両船では楽団がボート・デッキに陣取って、《ラインの守り Die Wacht am Rhein》（1854年に制定された旧ドイツ国歌）を演奏して交歓する華やかな情景が繰り広げられていた。

§5 アルベルト・バリーン　153

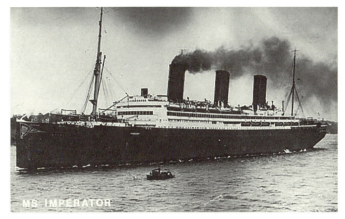

インペラトール。鷲のフィギュアヘッドが外されている

　「インペラトール」の人気は航海を重ねるにつれて高まり、乗客の利用率も高い水準で推移したので順調な営業収入をあげる。問題の安定性改良工事は1913年冬の端境期に実施された。これは非常に大掛かりなもので、セメント２千トンが船底に注入されたほか、遊歩甲板の食堂撤去などで重心低下が図られる。工事で最も注意を引いたのは、巨大な３本煙突の頂部を３メートルも切断したことである。これで、それまでの威圧的な船容がやや薄れてしまった。巨大な鷲の船首飾りは、その後の荒天航海で破損して取り外されていた。
　この頃のハパグは北ドイツ・ロイド社（NDL）に次ぐ豊富な船隊を擁して多くの航路に配船していたが、そのスケールの大きさは次の航路からも察せられる。
◎ニューヨーク急行線＝ハンブルク〜サウサンプトン〜シェルブール〜ニューヨーク
◎ニューヨーク郵便線＝ハンブルク〜ブーローニュ〜サウサンプト

造船所を出るファーターラント

ン〜ニューヨーク
◎ニューヨーク直行線＝ハンブルク〜ニューヨーク
◎地中海線＝ジェノア〜ナポリ〜ニューヨーク

そのほかにボストン線、フィラデルフィア線、ボルチモア線があった。

1913年中に欧州からニューヨークに上陸した旅客数は134万人と記録されている。このうちハパグは NDL に次ぐ18万5千人を運んでいる。ハパグと NDL を合わせると40万3千人に達しており、ドイツ船の積みとり比率は30％と抜きん出ていた。これは、キュナード・ラインとホワイト・スター・ラインを合わせた22万3千人を大きく引き離しており、アメリカへの移住者数は欧州大陸からのものが圧倒的だったことを示している。

ハンブルクのブローム＆フォス造船所で建造中だった2番船「ファーターラント Vaterland」（祖国の意、54,282総トン）は1913

年4月3日、進水の運びになるが、このときも皇帝は進水式に臨んでいる。「ファーターラント」が翌年春に竣工したときは「インペラトール」を上まわる54,282総トンになっていた。第1船で経験した数多くの教訓が活かされて、はるかに安定性のある船に仕上がっていた。

この頃、英独の政治的対立の行く末を懸念したバリーンは、たびたび非公式に訪英、関係者と話合いを始めていた。第1次バルカン戦争（1912〜1913）で英独間の緊張が高まると、両国が開戦すれば欧州世界の破滅に通じると懸念、バリーンは自身の交際関係を利用して政治的緊張の阻止に行動していた。このような緊張状態のもとでバリーンは、国同士の競争は客船サービスを通じて平和裡に行うべしと提唱し続けたのである。

平和時における究極の巨船としてバリーンが発想した客船が出来上がりつつあるこの時期、さしものバリーンも過労で神経衰弱におちいり、睡眠薬を常用するようになる。日常には精神不安定の傾向が出て怒りっぽくなっていた。友人への手紙には『目の前に横たわる恐るべき世の中の状態はどうしようもない。私は治しがたい憂鬱の虜になっている』と述べている（フランクO. ブレイナード "The Great Liners"）。

1914年7月22日、「ファーターラント」がハンブルクを出航して、ニューヨーク到着2日まえの7月28日、第1次世界大戦が勃発する。これで《優秀な客船で平和裡に国際競争をしよう》というバリーンの夢は雲散霧消してしまう。

ブローム＆フォス造船所で建造中の第3船は、ドイツ帝国成立時の名宰相の名をとり、「ビスマルクBismarck」と命名され、1914年6月に進水する。このまま平和が続いたなら、巨船トリオを筆頭にした大船隊を擁するハパグは北大西洋航路で覇を唱えたことであろ

う。それでバリーンが描いた《5万トン客船3隻によるウィークリー・サービス》構想が実現することは間違いなかった。しかし「ビスマルク」進水の8日後に第1次世界大戦が勃発していたのである。

　ドイツ国中の期待を集め、これほどまでに華々しく登場した3姉妹は、戦争という悪魔の手によって離散を余儀なくされてしまう。まず1914年8月、「インペラトール」はハンブルクにあり、「ファーターラント」はニューヨークに在港のまま係船される。艤装中だった「ビスマルク」の工事は直ちに中止された。

　かねて怖れていたことが現実になってしまった今、バリーンは今度はアメリカ参戦を思い止まらせるべく、再び訪米して関係者を説いてまわり、この努力が3年間も続く。自分の構想から生まれた巨船が戦火に曝されるのを憂えたバリーンは、ニューヨークの「ファーターラント」を中立化し、ドイツが席巻した中立国ベルギーへの救援物資輸送に使うことを提案した。フーヴァー米大統領はこれに同意したものの、ドイツ海軍省の反対に遭い、この案は挫折してしまう。

　「ファーターラント」は中立国アメリカで2年以上係船されることになる。アメリカ東部にはドイツからの移住者が多く住みついていたこともあり、新聞論調を含めて当時のアメリカ国民の心情は枢軸国（ドイツ、オーストリア）側に同情的であった。係船中の「ファーターラント」船上では、やがてアメリカもドイツ側に立って参戦すると考える人びとにより、ドイツへの募金を勧誘するチャリティーコンサートが連日のように行われていた。

　しかし1915年5月、キュナード客船「ルーシタニア」がUボートに撃沈され、多数のアメリカ人乗客が犠牲になったことで反独感情が一挙に高まる。1917年2月、ドイツ海軍省が無制限潜水艦戦を宣

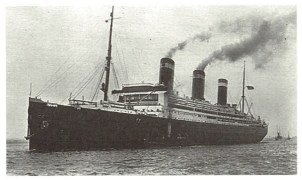

リヴァイアサンとなったファーターラント

言するに及び、4月にはアメリカの対独宣戦布告にいたる。

「ファーターラント」は直ちに接収されてアメリカ海軍輸送船「リヴァイアサン Leviathan」となる。今や星条旗を掲げたこのドイツ客船は、母国を撃つべく欧州に赴くアメリカ将兵輸送の任に当たらねばならなかった。この期間、本船は北大西洋を19回も往復し、ある航海では1万4千名もの兵員を乗せていた。かたや「インペラトール」は休戦後の1919年に米軍輸送船となり、帰還兵輸送に使われた。

ヴェルサイユ講和条約はこれら巨船3隻の運命を決定的なものにする。「インペラトール」と「ビスマルク」はイギリスに、「ファーターラント」はアメリカへ賠償として割り当てられる。「インペラトール」はキュナード社の「ベレンゲイリア Berengaria」、「ビスマルク」はホワイト・スター・ラインの「マジェスティック Majestic」として完成する。そして「ファーターラント」は「リヴァイアサン Leviathan」としてユナイテッド・ステーツ・ラインズのフラッグシップに生まれかわる。

「ビスマルク」のことを付言したい。大戦終了時に未完成だった

サウサンプトンに停泊するマジェスティック

　本船は、連合軍命令により「マジェスティック」として完成させるべく工事が再開される。連合軍に反感を持つ造船工員のサボタージュや材料入手難のため工事が難航し、3年後の1922年3月、ようやく竣工に漕ぎつけた。ところがハンブルクに到着したイギリス側の受け取り要員の眼に映ったものは、煙突を褐色（ハパグのファンネルカラー）に塗り、船首尾に BISMARCK と鮮やかに書かれた新造船の姿だった。《ビスマルクとして起工されたからには、ビスマルクとして完成させたい》というドイツ人の気概を示したエピソードである。

　大戦末期の1918年11月3日、キール軍港での水兵反乱に続き、9日にはヴィルヘルム2世が退位する（のちオランダへ亡命）。この日、アルベルト・バリーンは失意のうちに睡眠薬を多量にあおり、61年の生涯をみずから閉じたのである。

　こうしてバリーンの描いた壮大な夢は幻に終わり、自分自身がこ

れら巨船の転生を見届けることなく世を去ってしまった。戦後の平和な時期に、これら3船がそれぞれのファンネル[2]カラーで北大西洋に競い合ったことを若しバリーンが知ったならば、どのような感慨を抱いたことだろう。水魚の交わりを結んだ皇帝の亡命と、ドイツ海運の前途に希望を失ったことがバリーンを自裁に追い込んだとしか考えられない。

　バリーンほどの人物が、11年後に登場する「ブレーメン Bremen」に象徴されるドイツ海運の隆盛を予見できなかっただろうか、と決めつけるのは、ドイツに課せられた過酷な講和条件からすれば、それは酷な疑問であろう。

　バリーンがあれほど怖れた大戦がなければ、これら3巨船は《ドイツの名船》として史上に名を留めていたに相違ない。欧州列強の勢力争いが彼女らの運命を大きく変え、英、米の巨船として記憶される結果になったのは、歴史の皮肉としか言いようがない。海運史上に残る英才アルベルト・バリーンが描いた壮大な夢が結果的に果たされなかったのか、それとも果たされたと考えるべきかは読者の判断に任せたい。

2）ファンネル funnel：商船の煙突、別名 smokestack。ちなみに建物の煙突は chimney

§6 和辻春樹
—京都文化を体したスタイリッシュな客船を産みだしたネイバル・アーキテクト—

帝大卒業まで

戦前の大阪商船フリートのデザイナーとして知られるネイバル・アーキテクト和辻春樹（1891〜1952）は東京に生まれたが、父親の春次博士（京都大学教授、同大附属病院で耳鼻咽喉科の開設者）の関係で京都師範付属小学校に編入し、府立一中、第三高等学校と少年時代〜青春時代を京都で過ごしたのち、東京帝國大学（現東京大学）に入学している。

書斎における和辻春樹

船舶工学科の卒業生名簿には、日本の艦船の建造に携わったそうそうたる人物の名前がみられる。筆者の知る範囲で世間に知られた名前でも、軍艦設計の権威で帝大総長も務めた平賀譲（明治34年卒）、フィン・スタビライザーを考案した元良信太郎（明治38年卒）、国際汽船の高速貨物船「金華丸」型の設計者・渡瀬正麿（明治42年卒）、巡洋艦や特型駆逐艦設計で知られた藤本喜久雄（明治44年卒）、軍艦・大和の設計者の福田啓二（大正3年卒）などがある。

毎年の卒業生数は10余名で、大正4年卒業生のなかに和辻春樹

(以下和辻)の名前がある。同期生には航空研究所長として長距離飛行の世界記録を樹立した「航研機」設計者の和田小六がいる。大正7年までだが、この卒業生名簿は成績順になっており、和辻春樹は12名中5番である。これら卒業生が日本の艦船設計と造船、海運界で活躍したのである。

　和辻は大阪商船に入社している。首席卒業生は海軍に行く例が多かったなかに、和辻の席次なら三菱重工業とか日本郵船に行っても不思議でない。なぜ大阪商船という関西にあるマイナーな船会社に職を求めたのだろうか、その理由は定かでない。

　京都人の父親が関西海運界の雄として台頭著しかった当時の大阪商船に着目したからか、入社後に指導を受ける大学先輩の小島精太郎（明治32年卒）からの勧誘があったからかと推測している。

　瀬戸内船主の合同で民主的に誕生した大阪商船は西日本の沿岸航路から始まり、韓国、中国方面へ脚を延ばしていた。和辻が入社した1915年（大正4年）は、乾坤一擲の決断で1909年に大阪商船が北米西岸航路を開設、これに投入された「たこま丸」（5,773総トン、小島精太郎設計）型6隻が第1次世界大戦による好景気を享受していた頃であった。

平賀譲への私淑

　平賀譲は海軍省に入省後、慣例にしたがい東大で講義しているが、このとき聴講生の和辻が平賀の眼にとまったはずである。和辻の卒業論文テーマは『The watertight sub-division of ships』で、自分自身（？）の美しい筆跡の英文で記されている。（注：1912年の「タイタニック」、1914年の「エンプレス・オブ・アイルランド Empress of Ireland」（14,191総トン）海難にも言及）。

　こののち和辻は平賀に博士論文（1933年、『ディーゼル機関の経

済性について』)の指導も受けるなど、後年まで師事している。平賀は後年(1929年頃)、和辻に東大への招へいを持ちかけたことがあった(後述)が、これは和辻が卒業後に示した力量を高く買っていたからであろう。和辻が平賀にどれほど私淑していたかは、1939年(昭和14年)の「あるぜんちな丸」完成披露宴で、平賀をゲスト・スピーカーに依頼していたことからも察せられる。

和辻春樹が指導を受けた平賀帝大総長

小島精太郎の薫陶

1898年(明治31年)、四代目の大阪商船社長に就いた中橋徳五郎は、社内の「前垂れ掛け」大阪商人気質に接して人材育成の必要性を痛感、東京の大学から人材を取り入れて経営の近代化と社員の意識改革を進めた。翌年の1899年(明治32年)には、いち早く東大船舶工学科の首席卒業生・小島精太郎を採用、船舶設計を担当させていた。

1917年(大正6年)大阪商船の組織替えで監督課が海務課と工務課に分かれ、小島が工務課長(今でいう工務部長)になる。船造りは造船所に任す従来のやりかたを脱して、基本設計は船主が手がけるという、前例のない手法を大阪商船がとったのである。

イギリスではアルフレッド・ホルト社(ブルー・ファンネル・ライン)が以前からこの手法をとっているのは知られているが、これからヒントを得たエリート・エンジニア・小島の意見を容れた大阪商船経営陣の柔軟感覚を表している。

和辻は入社前年の設計実習で「湖北丸」(2,619総トン、1915年川崎造船所建造) ラインズを引いていたが、入社後はこの先輩のもとで各種計算や設計、現場監督をみっちり体験してゆく。このとき和辻は32歳、東大卒業の年に結婚した北村恒子との間に長男俊樹と長女美代が産まれていた。

　この間、大阪商船は第１次世界大戦の好況に乗じて航路拡張と新航路開拓で飛躍を続ける。大戦勃発前の1913年末の遠洋航路は香港〜タコマ線とボンベイ線だけだったが、1918年末には欧州線、ニューヨーク線、南米東岸線、豪州東岸線まで航路網を張り巡らしていた。

　和辻の入社前年に中橋徳五郎が鉄道大臣になったので、堀啓次郎が1914年、５代目社長に就く。和辻の社歴の前半は20年にわたる堀社長の時代となる。この時期は第１次世界大戦中の好況と戦後の不況のなかで会社の舵とりをする多事多端な時代であった。

　ところが和辻に大きな転機がくる。1919年末、小島専務がＨ型貨物船の進水式に大阪鉄工所へ向かう途中、心臓麻痺で急逝したのである。和辻の言を借りると、酒がまわれば天下国家を論じ、快談縦

処女設計船の紫丸（1921年竣工）

横、交渉も鮮やか、英語も上手、会話もうまい、仕事も早く勉強家、という人柄で、「何でもやりたまえ。どんな仕事でもやっておいて損はない。きっと役に立つ時があるよ」と言って、徹頭徹尾、和辻を一人前にしようという厚情を感じた、と和辻は後年に語っている。

このときから和辻は工務の実質的ヘッドとして、処女設計の「紫丸(むらさきまる)」から始まる数々の客船、貨物船を産みだすほか、1923年に購入した「屋島丸」、「蓬莱丸」、「扶桑丸」の改造工事も手がけている。

ディーゼル・エンジン採用と「畿内丸」

和辻の提案でなされたと思うが、ディーゼル・エンジンの採用で大阪商船は日本で先鞭をつけたことが知られている。その嚆矢は1924年の山陽線（阪神～瀬戸内諸港～門司）に就航した「音戸丸」（688総トン）と別府航路にデビューした「紅丸」（1,540総トン）で

日本最初のディーゼル客船・音戸丸
新機軸エンジンを象徴して櫓型排気管にしたがのちに普通の煙突になった

わが国最初の航洋ディーゼル客船・さんとす丸

ある。翌年の1925年12月には、南米線用に建造された「さんとす丸」(7,267総トン) 型姉妹船3隻に搭載されていた。

外航客船で世界最初の例は1925年11月完成の「グリップスホルム Gripsholm」(17,993総トン) であるから、「さんとす丸」は2番目になる。このようにディーゼル・エンジン搭載が実現したのは当時30歳代の和辻と大阪商船トップに先見の明があったことを示している。

高速航行が必要な北大西洋航路では、タービン・エンジンが主力である。欧州〜南米航路ではディーゼルの例があるが、出力が1万馬力を超えると、シリンダーが激しく往復するディーゼルでは船体の振動が問題となり、あとでタービンに換装した客船 (1926年の「アスチュリアス Asturias」) の例もある。振動防止装置が導入されると、1万馬力以上でもディーゼルが可能となった。

和辻が南米東岸線 (西廻り世界一周航路) や近海航路にモダンな客船を産みだすうち、世界経済恐慌と日本政府の金解禁政策により大阪商船も例外なく苦境に立たされる。日本の外貨獲得の主役は生糸輸出であった。北米への輸送ルートは日本⇒(海上)⇒北米西岸

⇒（鉄道）⇒北米中西部、東部で、これが生糸取引所へ最も早く到着する方法だった。しかし鉄道料金支払いのためトータルの輸送コストは安くなかった。

　日本から北米東岸までのオール・ウォーター輸送は既にあったものの、使用船は10～12ノットしか出ないレシプロ主機（往復動式蒸気機関 reciprocating steam engine）の貨物船であった。大阪商船社内で考案されたのは、船／鉄複合輸送に比べてトータルの輸送日数では劣るものの、ニューヨーク急航線の名のもとに高速船を投入することで日数を大幅に短縮して、船／鉄複合輸送よりも低廉な料金が実現されるという判断があった。

　ディーゼル船ではエンジンの運用とメンテナンスが煩わしくなる欠点はあるものの、燃費が節減されて運航費低減に寄与する。この辺りの計算は和辻の率いる工務チームが行っていた。

　大阪商船は1929～32年には無配であったが、ニューヨーク急航線計画が真剣に検討された。堀は保守的、堅実な経営スタンスで社内でも知られていたが、その計画決定にいたるまで、堀社長のデスクには書類がうず高く積まれていたという。失敗すれば会社が潰れるという覚悟で、社運を賭して実行したものだった。会社がこの大事業を決断できたのは、社債引受け銀行側の協力のほかに、手持ち工事の激減で苦悩の極にあった造船所側の協力もこの大投資実現の鍵となっていた。

　新船にはスルザー型ディーゼル2基（2軸、7,200馬力）が搭載された。船の推進効率は1軸が最適であったから、主機選定会議の席上で和辻は1軸採用を強く主張したが、ディーゼルへの信頼度が高くなかった当時のことゆえ、重役陣の反対が強く、2軸にしたと和辻は回顧録に書き残している。ニューヨーク急航線は6隻（大阪商船4隻に加え岸本汽船建造の2隻を用船）で、香港を起点とする

3週間1便サービスであった。なお、日本船でディーゼル2軸が初めて採用されたのは、1934年登場の日本郵船N型高速貨物船（6,700馬力）である。

　大阪商船では一般的に外国の地名を船名にしていたが、新船は日本の幹線道路の旧名が使われていた＝畿内、東海、山陽、北陸(ほくろく)である。第1船「畿内丸」は1930年4月1日に三菱長崎造船所で進水する。このとき副社長だった村田省蔵は自分が命名したいと堀社長に願い出て出席する。命名台に立って「どうかこの船を成功させてください」と涙ながら神に祈った、と村田は戦後に語っている。

　大阪商船の命運を賭けた「畿内丸」は、処女航海で横浜〜ニューヨーク間を25日17時間半で走破、それまでニューヨーク航路の優秀船（プリンス・ライン）の平均35日をはるかに凌駕して、極東〜北米間に物流革命を起こしたことは語り草となっている。

　「畿内丸」は世界最先端のディーゼル・エンジンを搭載し、充分な貨物積載能力を備えたうえ、船体のぜい肉を削いだように肥痩係数[1]を絞ってスリムなラインズで形作りがなされた。従来のA型OSKライナー（A型大阪商船の定期船）よりも小ぶりな「畿内丸」が最高16ノットのA型船よりも少ない出力で最高18ノットを達成したのである。1930年8月11日早朝、ニューヨーク港ブルックリン埠頭に着岸したとき、ニューヨーク・タイムズ紙が『鉛筆の芯のように尖った船』と報道したほどである。

　和辻は41歳のとき、博士論文「経済的ディーゼル貨物船の研究」で東大から学位を授与されている。次男・春夫によれば、この頃、父が部屋に図面を広げ、それをカーブに沿って切り抜くのを春夫は手伝ったという。戦時中のことだが、和辻は博士論文の束を見せて

1）肥痩係数：船体の肥え具合を示す係数。船体の体積を船体の縦×横×深さ＝立方体積で除した係数

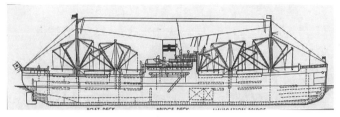

畿内丸の図面

公式試運転中の畿内丸

「どんなことがあっても、これだけは持って逃げるように」と言っていたことを、娘の美代が記憶している。

　ディーゼル・エンジンだが、こののち和辻は機会あるごとに、このエンジンの国産化を造船所に訴えていた。海外から入手した資料も渡し、自分が設計する船にリスクを冒して搭載することを請け負っていたとさえ伝えられる。開発早々であれば輸入品に比べてコストが高くなるから、他社の例を見たうえで国産を採用するのが普

通である。これは日本造船界の発展を願う技術者としての和辻の良心がさせたものと評価すべきだろう。「さんとす丸」までは輸入エンジンであったが、同型の第3船「もんてびでお丸」(1926年8月竣工) から造船所の自社製造が実現していた。

社内での鬱屈と村田省蔵の庇護

　和辻が博士号をとって間もなく、東大で教鞭をとってはどうかとの誘いがあった。当時の大阪商船では人材充実のために官立大学の法文系出身者を優遇するいっぽう、給与や出張旅費などの一般管理費は世間並み以下に抑えられていたらしい。当時の社内で造船技術への認識が少ない役員とエリート技術者の間には微妙な確執があったようである。それらのことが、和辻をして「法科万能を廃すべきだ」とか「出張旅費も少ないケチな会社だ」、「麻雀は亡国の遊戯だ」(社内で麻雀が盛んだったらしい) などと、歯に衣を着せぬ発言や、マナーの悪い人、理解の遅い人、野暮ったい人に対しては顔をそむける態度があったらしい。「僕は船が好きだから、あえてこのような不満に耐えている」と穏やかな口ぶりで後輩に洩らしていたという。

　このような状態のとき、東大からの招へいに和辻の心が動いた。ところが村田省蔵社長 (1934年就任) から「お前の一生は面倒を見るから」と、強く慰留されて思いとどまったと言われる。村田は日本郵船に追い付くべく、優秀船を造り出すために和辻の技量を恃みにしていたのであ

和辻を社内で庇護した村田省蔵社長

る。社内の一部から疎んじられていた和辻が専務にまでなったのは村田の庇護があったからで、和辻はその後の新船設計で村田の期待に見事に応えている。

村田が第3次近衛内閣の遞信大臣に就任したので、村田の社長時代は1940年までの6年に過ぎなかった。この期間の日本は1931年の満州事変に端を発し、翌年の上海事変、1937年には中国の内紛に乗じた日華事変の軌跡で中国侵略があからさまになる暗い時代だった。明治末期から満州、台湾、中国方面への航権を手中にしてサービスを続けてきた大阪商船は、否応なしに国策に沿った船隊整備を行いつつ経営することになる。

磨かれるデザイン感覚

大学の卒業設計で和辻は1万6千トンの太平洋航路純客船を設計していたが、入社後の現実は貨客船と貨物船ばかりで1万トン未満

船体を無梁矢構造の高千穂丸

近海航路客船で和辻のデザインが頂点に達した高砂丸
(太平洋戦争後の引揚船当時)

の近海用の船造りであった。しかしこの時期、作品を追うごとに美的感覚が滲み出るようになっている。台湾航路(神戸〜基隆線)の「高千穂丸」(1934年)では無梁矢構造を試みただけでなく、外見上もこれまでになかった新しい感覚＝ファッション・プレート船首、クルーザー・スターン[2)]、2本マストとの間にバランスよく配置された太くて短い煙突など＝が採り入れられていた。このような新しいデザイン感覚は北大西洋や北米西岸〜豪州航路には見られたものの日本にはなかった。

和辻のデザイン手法は1937年の台湾航路にデビューした「高砂丸」で頂点に達した感がある。大きい傾斜のファッション・プレート船首、見惚れるほど美しいクルーザー・スターン、格好良く積み上げられた上部構造の上にそそり立つ巨大な双煙突の船容には、全長わずか150メートル、1万トン未満の客船とは思えない存在感が

---

2) クルーザー・スターン：巡洋艦型船尾 cruiser stern。巡洋艦の船尾のように丸みを帯びた船尾。従来の楕円形型船尾 counter stern に対する呼称

美的センスが込められた貨物船・盤谷丸

あった。

　大連航路（神戸〜大連線）の客船について述べると、和辻デザインの変遷がうかがわれて面白い。「うらる丸」(1929年)では小島専務の手法を踏襲していたが、3年後の同型船「うすりい丸」で微調整が見られ、さらに3年後の「吉林丸」型では大胆に修正され、1937年に就航した「黒龍丸」型ではすっかり和辻色に染めあがっていた。

　和辻は貨物船にも素晴らしい美的センスを込めることを忘れていなかった。その典型例が1937年に完成した「盤谷丸」、「西貢丸」である。全長121メートル、5千総トンあまりの小型船であるが、均整がとれ、貨物船の精悍さをこれほど表した例は少ない。もちろん、本船がメナム河口を遡航してバンコックに行けるよう、最大喫水を4.25メートルに抑え、載貨重量2,400トンを確保するなど、営業部の要求を容れたうえでのことである。

　客船における和辻デザインの特色のひとつは《煙突重視型》であ

中村順平　　　　　　　　村野藤吾

るのが分かる。この手法は現代でも通用するが、戦後の北大西洋でブルーリボン・ホルダーの誇りをアメリカにもたらしたウィリアム・ギブズもこの手法をとって「ユナイテッド・ステーツ」を誕生させていた。この点では和辻が先輩である。

　船のインテリア・デザインは造船所専属のデザイン事務所でなく、中村順平、村野藤吾など、関西で活躍する名うての建築家に委託していた。これらアーキテクトが《現代日本式》といわれた和洋折衷のデザインを発案していた。船内装飾に対する和辻の考えの一面を表す言葉がある。「これまでの日本船はすべてイギリス様式に倣い、暗褐色などのダーク調のインテリアだ。海水をかぶっても変色しない工夫なのだろうが、室内に海水が入ることのない現代ではダーク調にする必要はない。むしろ船客の気持ちを伸びやかにさせるような調子、それに日本の工芸、特に京都の木工や漆を多用しながら、しかも日本一辺倒にならず、総体的にモダンな様式のうちに

日本工芸の良さがさりげなく組み込まれているものだ」。

第2次世界大戦後に復員して、一時、和辻の居候だった流 政之(ながれ)(もとゼロ戦パイロット、世界的に有名な石の彫刻家)が若年のころ和辻から聞いたデザイン論は「デザインは客へのサービス、客に逆らってはいけない。意識せずに分からしめる。デザインとはそういうものだ」というものである。それは《表面の華やかな社会舞台の裏にある文化に裏打ちされた社会の価値に注目することの大切さ》だ、と流は会得したと語っている。

終戦直後に和辻宅で薫陶を受けた流政之

外観設計だけでなく、船内装飾や構造面でも細かく造船所に注文して、現場の造作には厳しいスタンスを変えなかった。「見えない場所に手抜きされたらどうしようもない。それが何時かは大事故につながる。そのようなことをさせぬために些細な点でも厳しい態度をとった」と部下に洩らしていたという。

このようなやり方が続いたので、それまで殆どのOSKライナーを手がけてきた三菱長崎造船所との関係が、1930年代後半から微妙に気不味くなった。造船所にしてみれば、大阪商船は大きな顧客には違いないが、景気が良くなり、他からの注文が殺到する状態になると、《細かいことをあれこれ言ううるさい客だ》という気分が出たのかもしれない。いっぽう和辻は「1920年代の不景気のときから途切れなく注文を出して助けたのに」と、暗然たる思いを抱いていた。しかし、造船所の職工に対してはいつも心から感謝していたと

いう。

和辻春樹畢生(ひっせい)の客船

『ロイヅ・レジスター』(毎年イギリスで刊行される世界商船の年鑑)編纂にも関わった世界的に有名な船舶研究家のローレンス・ダンが海事雑誌に「あるぜんちな丸」を紹介、『建造当時は極めて先進的であったそのプロフィールを定義するのは難しいが、日本的なタッチが滲みでている』と語っている。数々の著作と船舶画家として知られ、船のスタイリングに造詣を持つダンの目にも、この客船の姿が印象的に映ったのだろう。

ネイバル・アーキテクト和辻春樹の傑作として当時の日本で注目された「あるぜんちな丸」と姉妹船「ぶら志(じ)る丸」は、このような時期に三菱長崎へ発注された。

話を本船の計画段階に戻す。日本の陸海軍が想定していた対ソ、対米戦略の一環と思われるが、商船隊強化の名目で、1937年に「優秀船舶建造助成施設」という名の手厚い補助が実施されることになる。補助の対象となった三菱長崎受注の主要船は日本郵船のN.Y.K.クラス(「新田丸」、「八幡丸」、「春日丸」)ほかと、大阪商船の上記2隻および玉造船所(のちの三井造船)で建造される姉妹船3隻(「報國(ほうこく)丸」、「愛國(あいこく)丸」、「護國(ごこく)丸」)であった。結果的に日本郵船の3隻と「あるぜんちな丸」が特設空母に、玉造船所の3隻は特設巡洋艦への変身を余儀なくされた。

「あるぜんちな丸」、「ぶら志(じ)る丸」の検討が開始されたのは1936年、当初プランでは12,700総トン、最高速力16ノットであった。ところが間もなく建造補助策が制定されると助成策の適用を受けるため、海軍からの要求で(1)5分の1積載状態で21ノット、(2)最大1千名までの旅客設備を有し高級船室の増設、(3)長さ10

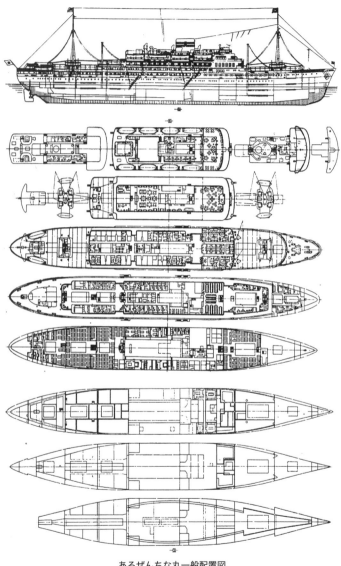

あるぜんちな丸一般配置図

メートルのハッチを備えるように変更せざるを得なかった。

筆者の推測だが、大阪商船が考えていたのは南米航路の在来客船よりも定員の少ない貨物主体で、後の「報國丸」型のような貨客船でなかったかと思われる。日本と南米諸国の貿易は、ブラジル政府の「移民制限法」公布（1933年5月）に端を発して行われた政府間

進水するあるぜんちな丸

交渉の結果、制限緩和の代わりにブラジル綿の大量買付け（ブラジル側貿易不均衡是正）と大阪商船による《犠牲的》低運賃適用により日伯貿易は飛躍的に増大しつつあった。

1933年の23,457名をピークとした移住者輸送数が制限法実施の1935年以降は年間4〜5千名に減っていた。この数は1938年になると2,657名に、「あるぜんちな丸」完成の1939年には1,449名であった。だから月2回配船なら1隻あたり精々300名程度の船客定員があれば良かった。実際には最高速力21ノット、船客定員901名（うち1等101名）という《客貨船》になったのは、上述の軍部要求をそっくり受け入れた結果に他ならない。

和辻は本船完成後、造船協会主催の講演会で次のように述べているが、これからも和辻の無念さが読み取れる。

「本航路就航船たる定期速力によれば、試運転時の速力は1/5

積貨状態において正常馬力発生時に20ノットにて充分なるも、21ノットを要求せられた事は主機関において約2,500馬力の差異を生じ、且つ船型においても甚だしく fine なる船となり、機関の重量を増し重量トンは著しく減少され、それと共に荷積も減じられるなど、この速力における1ノットは想像以上の不合理と困難とを余儀なくせられたものと言うべく、設計上の見地より、速力1ノットの低下を希望せるも遂に容るるところとならざりしなり。この1ノットの相違は本船船価、earning power、economic efficiency に顕著の差異を与えるものなるは、平時における船としての経済的価値と本船活動力を著しく減殺するものと言うべし」。

このほか、

△船客定員を900名（必要時には1千名収容）としたことで、救命設備、和／洋式厨房設備の設置、必要遊歩スペースの配置で貨物船機能が大幅に制約された

△1等客設備をグレードアップしたうえ、貨物艙を5個もつくる要求を容れたので、ハウスを高くせざるを得なくなり、悪化した復元性回復のため、船底に400トンものパーマネント・バラストを入れたが、これで積載貨物量が減少する結果となった

客船としてハイグレードの設備を要求され、同時に貨物は従来のものを同程度に積載、荷役能力を備えるべしという難題に取り組まざるを得なかった。和辻を始めとする設計陣がこのことでどれほどのフラストレーションを感じていたかは、和辻の次の講演部分に表れている。

「長さ10メートルを超える艙口（そうこう）のごときは聊（いささ）か過大に失するの一例に外ならざるなり。船の設計に関する真の理解なき事項を強要し、しかもその間、相互に何らの連関なきが如きは、船の内容的価値を低下せしむるの事あるのみならず、往々にして危険なる結果を

招く憂いなしとせざるなり」。

　講演は1939年11月になされたものだが、これが時の軍部の眼にとまれば怒りを招くほどの内容である。和辻があえてこのように発表していたのは、同じ技術者である聴衆に対してネイバル・アーキテクトとしての自分の良心を吐露したものと考えられる。

　このころ大阪商船は「国のため欣然と優秀船建造助成策の適用を受けた」と発表しているが、これは大阪商船トップや和辻の気持から最も遠いものだったはずである。

　かくて新船は1937年5月、三菱長崎造船所へ発注され、「あるぜんちな丸」は38年2月、「ぶら志る丸」は同年12月に起工される。この年の5月には日本郵船の「新田丸」が着工されていたので、船台にはこれらの巨船3隻が並んで工事が進められるという華やかな光景が出現していた。

　「あるぜんちな丸」の契約船価は当時の日本円で930万円、追加工事費61万円、艤装品費20万円、登録税等1万円で乗出船価1,012万円だった。これに317万円の助成金が支給されたので、船主負担船価は3分の1軽減されていた。助成のお蔭で大阪商船としては予算

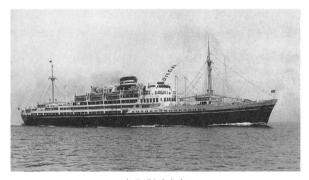

あるぜんちな丸

面でさほど困らなかったと伝えられている。

この時期には日中戦争が拡大、国内は統制経済下にあった。建造資材は軍事優先だったため、「代用品」と呼ばれた国産品で賄われたので建造工程は遅れがちであった。しかし和辻が率いる設計陣と造船所側の協力が実を結び、「あるぜんちな丸」は1939年5月に竣工して、12,755総トン、全長166メートルの船体を五島灘に浮かべた。三重崎沖1マイル標柱間で行われた

あるぜんちな丸レセプション（東京港）

公式試運転では、5分の1積載状態、4/4出力（16,364制動馬力）で21.089ノット、過負荷出力（18,280制動馬力）で21.484ノットを記録した。

公試運転の前日、和辻は長崎港内に係留された「あるぜんちな丸」を遠望して、形が整わぬ部分がないか双眼鏡から2時間も眼を離さなかったと語っている。

かくて大阪商船のフラッグシップとなった「あるぜんちな丸」は6大港で多くの観客に麗姿を披露する。東京では1939年6月17日から一週間芝浦ふ頭で披露され、まれに見る盛大なレセプションが開催された。主なゲストには秩父宮及び妃殿下、近衛首相、嶋田海相、荒木文相のほか恩師の平賀帝大総長らの姿があり、和辻が説明役を果たす写真が残っている。この日、一般客のほか東大の学生や

あるぜんちな丸を見学する学生たち（東京港）

生徒が10万人以上も招待され、海事思想の普及に大きな役割を果たしている。

「あるぜんちな丸」はどのような視点でデザインされたのだろうか。「造物主の造ったもので運動するものに角のあるものはない」、この言葉に和辻のデザイン起点が現れている。だから人間の造るものも、高速力で運動するものは曲線で包まれるのが自然、という感覚を含めて和辻が採り入れた新機軸には次のようなものがあった。

○船体の一部を除いて無舷弧（no sheer）、無梁矢（no camber）
○ハウス前面と煙突頂部に

ハウス前面が丸みを帯びたあるぜんちな丸

丸み⇒煙突の丸みは世界最初の試み（注：筆者の推測だが、ハウスの丸みは1929年の北大西洋にデビューしたドイツのブルーリボン・ホルダー「ブレーメン」にヒントを得

和辻が模倣したと思われるブレーメンのハウス

て、1936年の別府航路に建造された「こがね丸」に初めて応用していたのが「あるぜんちな丸」にも採用された）
○邦船で初めてボート・デッキにプールを作った
○従来の邦船にない大きい窓（ラウンジ）を取り付けた
○傾斜の大きいファッション・プレート船首など
「商船（大阪商船のこと）の外航船は別府航路の船を大きくしたようだ」と他社が評したという。揶揄めいた言葉の裏には、あまりにもモダンで美しい船への嫉妬心があったのかもしれない。

　和辻はイギリスの造船雑誌を愛読していたから、一般的な航洋客船のかたち造りは心得ていた。しかし、長い航海を強いられる日本〜南米ルートで３等客にも充分な遊歩スペースを確保するため、乾舷（満載喫水線から乾舷甲板までの垂直距離）の低い開放的なハウスになったものである。せいぜい一週間の北大西洋航路なら３等客をプープ（poop：船尾、船尾にある甲板）に押し込めて問題なかっただろうから、乾舷の高い雄大な船容に仕上げ得たはずである。

　インテリアは日本の工芸技術水準の高さを示す意味で、エッチング・ガラスなどに日本趣味あふれる装飾が彫り込まれた。既出のとおり、これらは当時の一流アーキテクトに依頼されたが、その一部

中村順平デザインの１等社交室（写生画）

は次のとおりである。

　１等喫煙室……松田軍平
　１等社交室……中村順平
　１等食堂　……村野藤吾

　和辻によると、「あるぜんちな丸」の形作りと客船としてのグレードは欧米〜南米航路客船の中の下を念頭にしてデザインしたとある。

　「あるぜんちな丸」の処女航海は1939年７月11日の横浜から出航し、西廻りで９月６日終着地サントスに着いている。それまでの南米航路は11〜13ノットで航海していたが、本船では16〜17ノットにスピードアップされたので、年間３航海が余裕をもって可能となり、神戸〜サントス間は42日から35日に短縮されていた。

　大阪商船と三菱長崎造船所が心血を注いで造った姉妹客船の商業航海期間は、迫りくる戦雲のためきわめて短いものに終わってしまう。「あるぜんちな丸」の南米線は４航海（１年３か月）、「ぶら志る丸」は３航海（11か月）で休止したのち、遠洋航海での危険を避

けるため大阪〜大連線に転用される。しかしこの航路も7か月しか続かなかった。開戦を3か月後に控えた1941年9月、海軍に徴用される。

それからは兵員、資材を乗せて太平洋を縦横に行動する。1942年6月のミッドウェー海戦で喪った空母補充のため、両船は急きょ特設空母に改装されることになる。このため、「ぶら志る丸」はトラック島から内地に急航する途中の8月5日夜半、米潜水艦の魚雷2発を受けて沈没してしまう。

「あるぜんちな丸」は同年12月海軍省へ売却、空母への改装が始まる。ところがこの段になり、新造時に海軍が条件づけた21ノットの性能がまだ不足なことが分かり、駆逐艦から降ろしたタービン・エンジンを搭載するという不手際になっている。そして特設空母「海鷹」となって戦線に出動する。しかしこの小型空母には華々しい交戦の機会はなく、もっぱら航空機輸送や船団護衛に従事するほかなかった。1945年以後は輸送する航空機も護衛する船団もなくなり、別府湾で訓練標的艦に使われていたところ、7月に触雷、擱座(かくざ)(船が浅瀬に乗り上げること)のまま敗戦を迎えて戦後に解体される。

再び「あるぜんちな丸」に触れる。充分なサイズとスペースがあれば、貨物と客室を最良のコンビネーションにして立派な貨客船を造りあげることができよう。長さ(垂線間長)155メートル、1万数千総トンの制約で貨物と客室をコンパクトに配置し、そのうえ海軍の要求を容れた要件を満たしたのである。その意味では戦艦「大和」の商船版ともいえる。

「あるぜんちな丸」就航翌年の1940年、村田社長が第二次近衛内閣の逓信・鉄道大臣に親任されて社長職を辞し、岡田永太郎が社長、和辻は取締役に選任される。

鋭いデザインの報國丸

　この年に「報國丸」が完成する。この貨客船は和辻の鋭い美的センスと煩わしい注文事項を三井玉造船所が全身の努力で受けとめて建造したもので、「あるぜんちな丸」の外観を削いで鋭く仕上げた船容の優秀船であった。しかし、戦争勃発のためほとんど商業航路に就かぬまま海軍に徴用され、姉妹船「愛國丸」とともに特設巡洋艦（仮装巡洋艦）となり、海上交通路破壊に活躍したのち短い一生を閉じている。

心痛の日々とその終焉

　和辻にとり最大の心痛は太平洋戦争中の日々であった。第1次世界大戦中にアメリカへ長期出張した体験もあり、「アメリカと戦争したらあかん」、「日本人に大和魂があるようにアメリカ人にもヤンキー魂がある」、「こんど生まれ変わったらアメリカ人になる」と洩らすほどアメリカ好きであった。開戦前から負けいくさを覚悟していたらしく、親しい人やその子弟が出征するときには「絶対に死ぬな、生きて帰ってこい」と密かに言っていたという。和辻自身も長男・俊樹を1944年に南海で戦没させていた。

戦争がたけなわになると、大阪商船も所有船を喪失する日が続く。夜になると『○○丸が撃沈された』と電話がくる。その都度、「また可愛い娘が死んだ」と涙を流していたという。娘の美代が「娘は私だけでしょう」と言ったところ、「あの船はお父さんが設計したのだから娘のようなものだ」と、その夜は決まって寝ず、不機嫌だったという。喪った息子のほか、あれほどの苦労と喜びのなかで造った船ぶねは、和辻にとってわが子以外の何ものでもなかった。《やかまし屋》と煙たがられながら船造りに心血を注いできただけに、この《逆縁》にさいなまれる辛さは如何ばかりだったろう。

1946年大阪商船を退き京都市長（官選）となる。アメリカが好きだった和辻だが、間もなく GHQ から公職追放令を受ける。1951年6月、和辻は京都の居宅で軽い脳溢血に襲われる。「京都は寒いから」という美代の気遣いで、嫁ぎ先の神戸に移る。しかし、ハイカラながら職人を愛した多彩なセンスのネイバル・アーキテクトに余命は幾ばくも許されていなかった。翌年の盛夏、家族に看取られながら61歳の生涯を閉じた。

京都文化の船

もし和辻が大阪商船に行かず、日本郵船とか三菱造船所に職を得ておれば如何だったろうか、と想像すると興味ぶかい。当時の日本を代表するこれらの企業ではヒエラルキーも強く、和辻のように有能ながら個性的な人物がどれほど才能を発揮できたか疑わしい。大組織の中で鬱屈を抱えて終わったかもしれない。

また、平賀の誘いに応じて東大で教鞭をとっていたならば、ネイバル・アーキテクトとしての実績はつくれなかったはずだ。当時、伸び盛りで人材の少ない大阪商船で村田省蔵という稀代の人物の庇

護を得たからこそ、あれほど縦横に腕を振るって数々の傑作を産みだしえたと考えられないだろうか。

村田省蔵が自伝で語っているように、昔は《小便会社》と言われたほどの大阪商船だから、事務管理でいじましい面があったのだろう。和辻も「人一倍仕事をやっているのに」との意識からくる不満や鬱屈をかかえ、持ち前の繊細なセンスのフィルターを通してみれば、社内でうまく立ち回っている人間や気の利かぬ者への軽蔑を心に秘めて仕事をしていたのであろう。

村田の庇護を得て大きな実績を残した和辻の半生を眺めるとき、人が一生に感じた幸福感と、その人が社会に遺しえた遺産の大小とは必ずしも正比例しないと思うのは筆者ばかりだろうか。

最後にもうひとつ肝腎なこと。和辻の船舶設計での美学はどこから生まれたのであろうか。少年期から大学入学までの青春時代を過ごした京都、それに繊細な神経で博聞強記の父からの感化や交友関係が独特の美意識を醸成したものと思っている。言い換えれば安土桃山文化にそのルーツがあるように思えてならない。そのことから生ずる独特の味をローレンス・ダンが看破して、既述のように「あるぜんちな丸」を評したのであるまいか。その意味からは「あるぜんちな丸」は《京都文化の船》とも筆者は考えている。

§7 ウィリアム・ギブズ
―20世紀の名客船ユナイテッド・ステーツを産んだ
ネイバル・アーキテクト―

アメリカン・デザイナーの誕生

映画にもなった「マイ・フェア・レディ」はジョージ・バーナード・ショー原作の戯曲「ピグマリオン」を基に作られたミュージカル・ショーである。フィラデルフィアに生まれたウィリアム・フランシス・ギブズ (1886～1967、以下ウィ

愛用のフェルト帽をかぶっていたウィリアム・ギブズ

リアム) にとり、アメリカの客船「ユナイテッド・ステーツ United States」はまさに自分自身の「マイ・フェア・レディ」であったといえる。このアメリカのネイバル・アーキテクトの凄いところは、大学の工学部などで専門のエンジニアリング教育を受けることなく、独学で才能を磨いたことである。

世界最大の可動物体である船の設計に携わる人にとって、無から有よろしく、自分のセンスと美意識を活かせて構造物を創造する喜びは、19世紀に巨船「グレート・イースタン」の実現に全力を尽くしたイザンバード K. ブルーネル以来のネイバル・アーキテクトに共通した事象である。

フィラデルフィアに生まれたウィリアムの父親（ウィリアム W.

ギブズ）は金融業で名の知られた実業家であった。父親の豊富な資産がウィリアムが自立する扶(たす)けとなったのは間違いないが、ウィリアム自身は科学的な対象への関心と、学習能力によってその将来を切りひらいたのである。

　ウィリアムは3歳で船の絵を描いていたというが、写生能力が人並はずれていたことは、その後に独力でデザイン手法を習得できる素地があったといえる。ウィリアムの心に船に対する興味に火がつく機会が訪れる。8歳になった1894年11月、地元フィラデルフィアの造船所で行われた商船「セント・ルイス St. Louis」（11,629総トン）の進水式を見たことである。この船はアメリカで最初に建造された北大西洋航路の客船ということで、クリーヴランド大統領夫人の命名で進水していた。

　20歳でハーヴァード大学に入るが、そこでは通常のカリキュラムに無かったマリタイム・エンジニアリングに熱中する。友人の言葉によると、ウィリアムは寄宿舎の自室に船体、エンジンやプロペラの図面を張りつけ、研究に没頭していたという。入学翌年の1907年9月、キュナード・ラインの新造客船「ルーシタニア Lusitania」（31,550総トン）が処女航海でニューヨークに入港する。ウィリアムは休暇をとり弟フレデリックとともにこの世界最大、最高速の新造船に乗るが、船上で設計者（Andrew Lang）に会って話を聞いていたはずである。

　「ルーシタニア」乗船体験がネイバル・アーキテクトを志すウィリアムに大きな示唆を与える。すなわち、スピードとサイズが将来の客船建造で目指すべき要素だと確信したのである。外観の面では、ホワイト・スター・ライン（WSL）の「オセアニック」（17,272総トン、1899年建造）に見られた巨大な煙突がウィリアムの構想でひとつの要素になっていた。

ウィリアムが描いた構想は、長さ1千フィート、30ノットの船2隻を、北大西洋横断航路に就航させるというものであった。弟フレデリックは経済面の検討を受け持つ。ここで注目されるのは、

弟フレデリック（右）とウィリアム

ギブズ兄弟が着想したのは、北米側のターミナルをニューヨークでなく、ロングアイランド先端のモントークに設定していたことである。そうすることで《北大西洋の航海時間は4時間短縮されること、ニューヨークへは鉄道で接続すれば、鉄道会社も興味を示すだろう。これでペンセントラル（鉄道会社）からの出資と建造資金の調達への道がひらける》というものであった。当時のニューヨーク港は欧州からの来航船が多くて船混みに悩まされていた。

IMMへ

1914年に第1次世界大戦が勃発するが、翌年に弟フレデリックとともにIMM（International Mercantile Marine 社）に入社する。IMMはモルガン財閥の頭領 J.P. モーガンが北大西洋の航路安定を目指して設立した持株会社で、この時期にはホワイト・スター・ライン（WSL）をはじめとするイギリス船社を傘下に収めていた。このときギブズ兄弟はIMMのフランクリン会長に、1千フィート、18万馬力（「ルーシタニア」は7万6千馬力）客船の構想を提出していたが、都合よく J.P. モーガン会長に面接できて、同意を得

IMM時代にギブズが設計した1千フィート客船の完成想像図

ている。これでウィリアムが37年後に実現する客船「ユナイテッド・ステーツ」への種が蒔かれたといえる。

　ウィリアムが33歳のとき、IMMの建造主任 Chief of Construction となり、タンク・テストを含む建造準備が進められる。ウィリアムの設計理念はどこから生まれたのであろうか。アメリカで豊富な木材で造られた高速帆船が19世紀に出現していた。チャイナ・クリッパーとかティー・クリッパーまたウール・クリッパーという高速帆船は最高18ノットから21ノットで航海、早着が求められる中国からの茶、豪州の羊毛を欧米へ輸送していた。

　当然ながらアメリカには帆船設計のアーキテクトが活躍していた。それらのなかでジョン・グリフィス（1809〜1882）とドナルド・マッケイ（1810〜1880）が知られているが、高速を可能にするために船首付近から凹ませた細長い船体を設計していた。ウィリアムは明らかに彼らの設計理念を踏襲したとされている。「ユナイテッド・ステーツ」の10近い船体長幅比（L/B）がそれを示している。なおウィリアムはビルジ・キールへの信頼度が高く、スタビライザーを拒否したというが、これは速力低下を嫌ったものと思われる。

　1千フィート客船の検討は大戦中も進められた。しかし戦後には船腹が過剰となって、頓挫してしまう。記録によればIMMの設計

主任としてのウィリアムが関わった新船は、1923〜24年に就航したアトランティック・トランスポート・ライン（IMM傘下会社）の「ミネワスカ Minnewaska」、「ミネトンカ Minnetonka」（ともに22,000総トン）であるが、建造されたのがアイルランドのハーランド＆ウルフ社だから、どの程度タッチしたのかは分からない。

「リヴァイアサン」改造

1922年、36歳のウィリアムと35歳のフレデリックはIMMから離れ、ギブズ＆ブラザーズ社 Gibbs & Bros.（ギブズ兄弟商会：以下G&B）を設立するが、すでにギブズ兄弟の名前はアメリカ国内で知られるほどになっていた。このとき、ギブズ兄弟にとって非常に大きい案件が舞い込んでくる。第1次世界大戦の賠償で連合国がドイツから取得したハンブルク・アメリカ・ラインの巨船3隻のひとつを改造するものであった。

参考までにそれら客船の取得状況は次のとおりである。

◎「ファーターラント Vaterland」→アメリカ「リヴァイアサン Leviathan」
◎「インペラトール Imperator」→イギリス「ベレンゲイリア Berengaria」
◎「ビスマルク Bismarck」→イギリス「マジェスティック Majestic」

G&Bがアメリカ政府から依頼されたのは「リヴァイアサン」の改造であった。世界最大を誇ったこの客船は開戦時にニューヨークへ避難、係船されていたが、1917年アメリカの宣戦により接収されていた。このときドイツ船員によるサボタージュでエンジンとボイラーが破壊されていたが2か月かけて修理される。

こののち軍隊輸送船「リヴァイアサン USS Leviathan」となり、

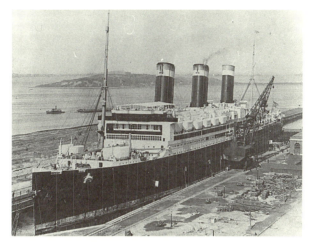

改装のため入渠中のリヴァイアサン

西部戦線へアメリカ将兵を輸送していた。G&Bが請負ったのは、2年余の軍務で荒廃した船内設備やエンジン周りなどを復旧して、アメリカ客船にリフォームする大仕事であった。

　当然のことだが、G&Bは本船を建造したハンブルクのブローム&フォス社へ設計図提供を求める。ところが造船所側は図面使用料100万ドルを要求してくる。政府と結んだ工事代金が800万ドルだから、左様な法外な値段は払えない。予想外の障害に逢着したウィリアムは前代未聞の手法をとる。

　設計技師100～150名を雇い入れ、船の隅々まで計測させて新しい図面を引いたのである。ウィリアム自身も巨船の中をくまなく、舐めるように調べて、作業を進めた。ニューポート・ニューズ造船所での苦心の作業1年4か月、1923年6月にようやく再稼働が可能となる。このときのウィリアムの仕事ぶりを、人びとは「love affairs with ship（船に恋するギブズ）」と噂したという。

アメリカ最大の客船となった「リヴァイアサン」は59,956総トンと計測され、試運転ではドイツ船時代（25.8ノット）を上まわる27.48ノットの最高速力を記録した。運航はユナイテッド・ステーツ・ラインズ（以下 USL）に託されて1923年7月、ニューヨークからサウサンプトンへの初航海に鹿島立った。

その後のことだが、1931年になり総トン数が48,932総トンに変更されている。これはアメリカ式トン数計算方式（露天甲板の下にあるスペースのみが総トン数計算の対象で、これ以上の上部構造部分は除くという1865年の規定）に拠ったもので、イギリスで決められた従来のトン数計算が国際的であっただけに、物議をかもしたが、USLがこれで押し通した理由は、トン税節約にあったといわれる。

「リヴァイアサン」改装工事で名をあげたので、マトソン・ラインから、サンフランシスコ〜ホノルル航路に計画中の客船「マロロ Malolo」（17,232総トン、1927年建造）の仕事がやってくる。これはG&Bが図面を引く段階から始める本格的な仕事であった。このときウィリアムは41歳の男盛りで、弟フレデリックは会社経営のみならず工事採算のチェック役を引き受けていた。会社の名前どおり「ギブズ兄弟会社」であった。この間の1927年、技術者のダニエル・コックスが経営に加わったので、社名がギブズ＆コックス社（以下 G&C）となり、この会社は現在も続いている。

1932年から33年にかけての期間はウィリアムにとって豊饒の年となる。まずUSLがニューヨーク〜ハンブルク線に投入する2万4千総トン型姉妹船「マンハッタン Manhattan」「ワシントン Washington」に続き、グレース・ラインが北米東岸〜西岸航路に計画した9千総トンの「サンタ・ローサ Santa Rosa」型4隻の設計、建造を一挙に引き受けている。前者は老齢となった「リヴァイアサン」の代替で計画されたことから、L/Bが8.2という細身の船体に造ら

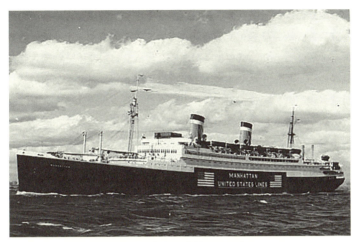

1930年代に手がけた客船マンハッタン

れていたが、8年後にデビューするさらに大型の北大西洋客船「アメリカ America」の原型といえるものだった。

アメリカの新鋭船として誕生した客船「アメリカ」

フランクリン・ルーズベルト大統領は15歳の誕生日に、遠縁の従兄弟から『海上権力論』(アルフレッド・マハン著)を贈られてから、マハン信奉者となっていた。1913年に海軍次官となって以来、第1次世界大戦での体験からアメリカが自前の海上輸送力を持つ必要を自覚していた。

世界恐慌の波が収まりかけた1936年、大統領の指示により商船法が制定され、連邦海事局 United States Maritime Commission が設立された。これは第1次世界大戦中に建造された中古商船隊を代替するため、海事局を改組したものであった。このスキームでは500隻にのぼる商船隊が計画され、船舶の建造は海事委員会が差配して

船主に造らせ、外国船との競争力を持たせるため多額の政府補助がなされていた。その第1号が「アメリカAmerica」である。

老齢船となった「リヴァイアサン」の代替に新船（この時点では船名未定）をUSLが計画していた。設計については造船所（ニューポート・ニューズ造船所）/G&Cチームと他のチームとの間で競合入札となる。入札の最終段階で、図面によるプレゼンテーションが行われる。

このときウィリアムはランチ休憩を求める。休憩時間に他の入札者図面にあったポイントも素早く採り入れた図面をつくって海事委員会に再提出する。これがパスしてG&Cが設計と建造監督を任される。一瞥しただけで相手の図面を覚えるというウィリアムの天才的能力がものを言ったものである。

新船は完成の暁には「マンハッタン」と「ワシントン」とのトリオでウィークリー・サービスを行うものだった。その1年まえには世界不況を凌いで完成に漕ぎつけたフランスの豪華客船「ノルマンディNormandie」が就航しており、イギリスではホワイト・スター・ラインとの合併で政府補助を確保したキュナード・ラインの「クィーン・メリーQueen Mary」がスコットランドで竣工しようとしていた。

1936年に「アメリカ」の建造が始まり、1939年8月31日進水の運びとなる。エレノア・ルーズベルト夫人が支綱切断して進水した翌日、ドイツ軍のポーランド進撃で第2次世界大戦が勃発した。これでアメリカ海運のフラッグシップ誕生の祝福ムードは一変してしまう。

話が5年さかのぼる1934年9月8日のことである。ハバナからニューヨークに向かっていたアメリカ客船「モロ・キャッスルMorro Castle」（11,520総トン）がニュー・ジャージー沖に差しか

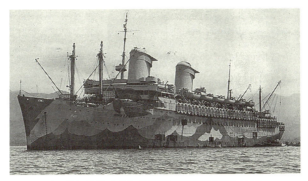

ウェストポイントとして軍隊輸送に従事中のアメリカ

かったとき船内から発火、乗客、乗員122名が犠牲になる事故があった。この事件が教訓となり、船内の防火、消火体制が問題となる。幼時から消防自動車にも興味を持っていたウィリアムは、「アメリカ」で防火設備と船内の安全保持に並み以上の配慮を行う。

このような理由からウィリアムは「アメリカ」で不燃構造船への実験を行っている。そのひとつは上部構造にアルミニウムを使用するという、技術的には問題があると考えられていた時代に、前代未聞の手法を試みたのである。その要領は鋼板とアルミニウムを接合するものであった。普通このやり方は電解腐食を起こすから採られていなかった。ウィリアムが採った手法は永らく秘密にされていたが、その接合にステンレス・スティールのリベットを使用したことが後年あきらかになった。

「煙突の存在感」へのこだわりを持つウィリアムだったから、スマートさを印象付けるような低い煙突（第1煙突はダミー）に成型されていた。ところが排煙の悪影響が避けられず、のちに延長する破目となる。

「アメリカ」は1940年7月に竣工してニューヨークに入港する

が、在来の角ばったスタイルを脱した優美な船容にニューヨークッ子は驚嘆の眼をそそぐ。戦火の北大西洋を避けてカリブ海へのクルーズに使用されるが、1年後に海軍に徴用され、「ウェストポイント USS Westpoint」と改名されて兵員輸送船となる。

こうして1946年11月まで「ウェストポイント」は軍用任務についたのち「アメリカ」に戻る。長さ723フィート、幅93.2フィートの「アメリカ」は竣工時の26,454総トン（アメリカの計算方式）から1960年にはイギリス計算方式の33,961総トンに変わっていた。

第2次世界大戦が勃発するとネイバル・アーキテクトのウィリアムは陣頭に立って建艦（巡洋艦、駆逐艦、掃海艇）と戦時標準船（LST、リバティー型、ヴィクトリー型など）の大量建造にかかわっていた。

第1次世界大戦中には各造船所がアトランダムに工事を受注したため、資材手配面での非能率や齟齬が生じていた。この苦い経験から、ウィリアムは組織的な建造工程を組む必要性を認識、デザインと資材購入の一元化を行った。能率的な供給体制によって、ウィリアムは1940年から46年までのあいだ、アメリカの2千トン以上の商船の63％、艦艇の74％（総トン数ベース）の設計を行っていた。このことでウィリアムには「Mr. Navy」のニックネームさえ付けられていた。

ザ・ビッグ・シップ

ニューポート・ニューズにはアメリカ最大の海事博物館・マリナーズ・ミュージアム Mariners' Museum がある。館内にはウィリアム・フランシス・ギブズを記念する「ギブズ・ルーム」とともに、巨大な模型が天井から吊るされている。アメリカ最大で世界最高速の記録を持つ客船「ユナイテッド・ステーツ United States」の

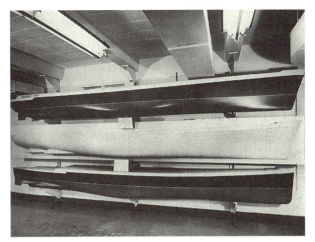

ユナイテッド・ステーツのタンク・テスト模型（著者撮影）

タンク・テスト模型である。

　太平洋戦争の帰趨がみえた1944年10月、ルーズベルト大統領は政府補助に基づいた優秀客船11隻の建造命令を出す。いっぽう G&C は、その1年前にスーパーライナーの設計に取りかかっていた。1946年3月になると USL がウィリアムに正式な設計を依頼する。こうして誕生する「ユナイテッド・ステーツ」は、政府（連邦海事局と海軍）の応援で、完全主義者のウィリアムが最後の情熱をかけて取り組んだ「産軍共同船」そのものであった。一朝有事には多数の兵員輸送が可能な高速客船は大幅な政府補助なしには採算に乗らない商船であった。

　『USL は世界一優秀な客船を開発したいと考えております。いま当社が採るべき健全かつ進取的な道は、これまでに例のない最高速、最も安全、最大の客船を建造することです。これによって向こう20年間、北大西洋でのアメリカ海運に強い競争力をつけることに

ユナイテッド・ステーツ建造調印シーン。正面右で頭に手を当てているのがギブズ

なりましょう』。

　これは USL フランクリン社長が政府に建造補助を要請した手紙に見られる表現だが、ウィリアムが起草したと思われるほど、文意にはウィリアムの若い頃からの願望が込められていた。

　G&C が目指した客船の特徴はどのようなものだったのだろうか。船体の前後以外には肋骨がなく、これに代わる縦通材と外板で船体強度を保つようにしていた。上部構造はすべてアルミニウム製なので、独特の船体構造と相まって、船全体が比較的に軽くなっていた。この船体に強大な出力（大戦中にウィリアムが海軍艦艇に採り入れた高温、高圧ボイラー方式を採用）の機関が搭載されていたことが、高速を可能にする鍵であった。

　安全性については、造船界の大勢が 2 区画浸水／浮揚構造であり、コースト・ガード[1]の規定では 3 区画方式であった。ところが

本船では 4 区画方式という画期的な構造になっていた。また前述の「モロ・キャッスル」火災事故の教訓から、船内設備はラウンジのピアノと厨房のまな板のほか全て不燃材という徹底ぶりだった。（ウィリアムはピアノメーカー・スタインウェイ社に金属製ピアノを要求したが、これは実現しなかった）

　客室等級の点では、USL は 2 等級（1 等、ツーリスト）を希望したが、ウィリアムが頑張って 3 等級になった。これは戦時に 1 万 4 千名もの将兵や家族を輸送可能とするためには 3 等が必要との理由であった。

　海軍の要請と、チーフ・デザイナーであるウィリアムの秘密を好む性格が相まって、主機関の詳細、正確な機関出力と、船体ラインズ（喫水線下の形状を示す図面）など、構造上の特徴は完成当初から近年まで極秘扱いにされていた。それまでの某日、ラインズの一部が外部に洩れ、ある商業雑誌に掲載されたことがあったが、その号はただちに全部破棄されたほどである。

　1948 年 4 月、造船所 3 社が入札に加わり、ニューポート・ニューズ造船所が工期1,218日、6,735万ドルで落札する。これに海軍注文のスペックが加わり、最終的には 7 千万ドルで契約された。契約船価の内訳は海軍注文設備が2,450万ドル、建造補助分が1,660万ドルだったので、USL 負担分は船価の 4 割にあたる2,890万ドルであった。

　為替変動やインフレによって無条件には比較できないが、この新船がどれほど高価な船であったかは、次の有名客船の船価をみれば察しがつく。

　「ノルマンディ」（1935年竣工）　2,800万ドル

1）コースト・ガード：沿岸警備隊。ここではイギリスの沿岸警備隊

「クィーン・メリー」(1936年竣工)　2,400万ドル

「レックス」(1932年竣工)　1,550万ドル

　こうして本船は厳冬の1950年2月に起工される。ドック建造なので在来の進水でなく、1951年6月23日、ドックへの注水が始まるや「ユナイテッド・ステーツ」と命名されて浮揚した。このとき上部構造はほとんど取り付けられた状態になっていた。

　命名式に集まった満員の観衆は、低めのハウスの上に屹立(きつりつ)する巨大な2本煙突に瞠目する。全体に丸みを帯びた煙突はその幅も厚みも高さも、在来の感覚では考えられぬほど偉大なものだった。ネイバル・アーキテクトとしてのウィリアムは特に煙突が船の存在感を醸し出し、大出力を象徴すると考えていたからである。

　このスーパーライナーを見守る観衆は「これでクリッパー(高速帆船)時代のアメリカ海運の栄光が戻ってくる」と感慨にむせんだ。この1年まえに起こっていた朝鮮動乱は激化の一途をたどっており、本船が軍事輸送につく時期が近いと予感した人もいた。

　新船の要目は53,300総トン、全長990フィート、幅101.5フィート、航海速力30ノットと発表されていた。

　1952年6月10日に行われた公式試運転には招待客と報道陣1,700名のほか、予定乗組員の3分の2が乗船していた。ヴァージニア州沖でさまざまなテストランが繰り返されたが、なんとフル・アスターン(全速後進)で20ノットも記録されていた。最高スピードは明らかにされなかったが、一部の関係者には39.38ノットと明かされていた。それから25年後に発表されたのは、最高出力24万2,000馬力の状態で38.32ノットとあった。その時のボイラー蒸気圧は925ポンド、過熱器出口の温度は華氏1,000度だったという。さらにその後に分かったことは、短時間ながら43ノットを記録して、随伴の駆逐艦を振り切ったという。

§7 ウィリアム・ギブズ 203

コナリー上院議員夫人がボトルを割る命名式

ドック進水するユナイテッド・ステーツ

試運転で疾走するユナイテッド・ステーツ

後進テストで20ノットを記録した場面

§7 ウィリアム・ギブズ 205

横断記録を樹立してニューヨークに帰港したユナイテッド・ステーツ

 不思議なことに、「ノルマンディ」や「クィーン・メリー」が就航当初に悩まされた船体振動が、「ユナイテッド・ステーツ」ではほとんど発生しなかったという。機関出力の大きさからして、これは驚くべきことであった。

 「ユナイテッド・ステーツ」の総重量（47,300排水トン）は「クィーン・メリー」の77,400排水トンの6割であるが、機関出力は5割以上大きい。このデータの発表者は「ギブズ技師の抱く高速船の原理は、軽い船体に大きな帆を張ったアメリカン・クリッパーと軌を一にする」と評していた。

 1952年7月3日、ニューヨークからサウサンプトンに向けて処女航海の途についた「ユナイテッド・ステーツ」は、アンブローズ灯船〜ビショップス・ロック（北大西洋横断記録計測区間）のあいだを3日10時間40分、平均速力35.59ノットで走破した。復航も34.51ノットを出して「クィーン・メリー」の横断記録を大きく更新し

た。アメリカ船としてはコリンズ・ラインの「アークティック」以来100年ぶりにアメリカ商船にもたらされたブルーリボン・ホルダーの栄誉であった。

「ユナイテッド・ステーツ」の光と影

　栄光の記録を樹立して「ユナイテッド・ステーツ」が一躍スポットライトを浴びている時期に、本船への補助額見直し論議が起こる。反対の狼煙をあげたのは会計検査院長だった。「この船への補助額が多すぎる。USLが2,800万ドルしか負担しないのは、国民の税金の無駄遣いだ」として、「ユナイテッド・ステーツ」への運航補助金の支払いを止めてしまった。商務長官がこれに異議を唱えたものの、トルーマン大統領が会計検査院長を支持し、司法長官に調査を指示するまでになった。

　当然ながらUSLはこの論議に巻きこまれる。USL支持派の政府の各長官と、大統領の後ろ盾を得た会計検査院との闘いに発展した。「7,000万ドルもの船を僅か2,800万ドルで手に入れたのは怪しからん」という俗物的非難に対し、USLフランクリン社長は「この優秀な軍隊輸送船に対してUSLが2,800万ドル献金したのだ」と応酬する一幕もあった。

　ウィリアムはそのころ66歳になっていたが、この論争の舞台裏にあって、自分の生涯の傑作である「ユナイテッド・ステーツ」の同調者を精力的につぎつぎに探し出して論陣を張らせていた。ウィリアムとしては本船を理想的な純客船に造りあげたかったが、客観情勢からUSLが自前でできなかった。高額の建造費を賄うため、「ユナイテッド・ステーツ」に《軍用船》というレッテルを貼らざるを得なかったのである。

　国内での見苦しい論争を尻目に、「ユナイテッド・ステーツ」は

最初から高い人気に包まれて北大西洋を往復していた。第2次世界大戦後、世界復興のリーダーであったアメリカの華やかな文明と文化の所産という存在であったからか、欧州各国の元首や科学、文芸、芸能界の有名人たちがしばしば利用した。名士のなかでもウィンザー公夫妻はルイヴィトン旅行鞄95個、召使い、ペットを同行して年2回は乗船しており、夫妻が利用するスウィートはいつも決まっていた。

就航した年は半年ほどの期間だったが、36,044名（23航海）の客を運び、消席率は90％を記録した。翌1953年には70,589名（46航海）で、平均乗客数は東西航海平均して1,500名台であった。この後、54年、55年と利用客は増えてゆき、55年の消席率は95％にも達している。1955年7～8月の2か月間の片道輸送実績をクィーン姉妹と比べると次のようになっている。

「ユナイテッド・ステーツ」　15,400名（9航海）

「クィーン・メリー」　13,861名（8航海）

「クィーン・エリザベス」　15,848名（8航海）

航海あたりの乗客数は定員の大きい「クィーン・エリザベス」の方が大きいが、「ユナイテッド・ステーツ」は高速を利用して姉妹よりも1航海多く運航しており、総数では他船を凌いでいた。

このような活躍が続けられている間も、建造補助をめぐる論争は止まることを知らなかった。論争激化のあまり、大統領もついに「法的手段に訴えて補助額算出に疑義がなかったか明らかにすべし」との態度をとるようになった。しかし言論界から、「この船がなければ海軍はいずれ本船なみの軍用船を造っていただろう。その際は海軍の予算統制のやり方からして、建造費は7,000万ドルをはるかに超えるばかりでなく、軍用船では1年の半分も稼働できないだろう」などの支持論が強く出てきた。

また、第2次世界大戦中にクィーン姉妹でアメリカ将兵を輸送して貰うためにアメリカ政府がイギリスに払った金額が1億ドルもあったことが判明するにおよび、反対論もようやく下火になった。結局 USL が本船の政府持ち分の中から340万ドルを買い取ることで事態が収まる。

　これで「ユナイテッド・ステーツ」の運航は名実ともに順調に進むかと思われたが、労働争議という、まったく異質のトラブルに悩まされることになる。最初のものは1956年に起こった ILA（アメリカ東岸一帯の港湾労働者組合）のストである。これで乗客の手荷物や食料品の積み下ろしが不可能になる。翌年2月にはタグボート乗組員のストで「ユナイテッド・ステーツ」はタグなしの曲芸的な操船で着岸したこともあった。

　1958年10月に最初のジェット旅客機が大西洋を横断したのを皮切りに、航空機が次第に定期客船から旅客を奪い始めた。このような不安な時期の1961年6月にアメリカ商船を襲った乗組員ストは、アメリカ船に対する旅行客の信頼を失わせる結果となる。これは「ユナイテッド・ステーツ」には大きい打撃であった。

　他の定期客船と同じく「ユナイテッド・ステーツ」も冬季の定期客の端境期を避けてクルーズに生きる道を模索する。最初は1961～62年冬のカリブ海、南米クルーズである。続いて1962年秋のカリブ海クルーズでは1,593名もの客が乗るという上首尾もあった。

　1962年2月、フレンチ・ラインが「フランス France」（66,348総トン、航海速力31ノット）を就航させると、USL は「ユナイテッド・ステーツ」と「フランス」との協同サービスを始める。これは、下降する北大西洋定期サービスで生き延びを図る最後の手段であった。この配船は両船のいずれかが、決まった日にニューヨークとルアーヴルを同時に出港するものだった。

§7 ウィリアム・ギブズ　209

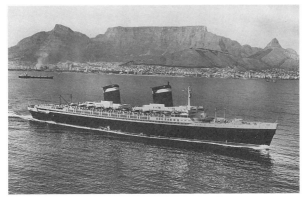

クルーズでケープタウン沖を航走するユナイテッド・ステーツ

　アメリカのベトナム戦争介入3年目の1968年が明けたとき、「ユナイテッド・ステーツ」は船齢15年余になっていたが、この年がフルに活躍できる最後の年になろうとは、USLの一部の人しか予想していなかった。しかもこの頃、国防省では大部隊の遠距離移動に船舶を使う考えを改め、大型輸送機による《緊急部隊展開計画》を正式採用していたのである。もはや本船計画当時の《高速軍隊輸送船》の名分は崩れてしまっていた。

　1968年10月、あたかも「ユナイテッド・ステーツ」の余命にとどめを刺すかのように、再びILA（アメリカ東海岸一帯の港湾労働組合）ストが起こり、これが80日間も続く。タフトハートレー法による一時中断があったものの、冷却期間の切れる12月20日にストが再燃する。予約が順調に進んでいた本船のクリスマス・クルーズはキャンセルの破目になる。3か月近くニューヨークの埠頭に釘付けを余儀なくされていた「ユナイテッド・ステーツ」を、1月7日出帆の北大西洋定期に就航させるよう、USLが組合に懇請したが聞き容れられなかった。

商業空路の侵攻に加え、このようなトラブルがUSLの経営悪化に作用する。その中の1969年後半には、これまでにない魅力的なクルーズ計画が発表された。「グランド・パシフィック・クルーズ」と名付けた55日間の太平洋周航である。これは実現せずに終わったが、もし行われていたなら、本船が日本に姿を見せていた筈である。

結局、1969年に行った北大西洋横断は7～10月にニューヨークを9回出帆しただけだった。11月になると、USLは遂に連邦海事局あて、補給金の返済猶予を申請して認可される。この頃には組合側も乗組員定数削減について船主と話しあう席についたが、事態回復にはあまりにも遅いタイミングであった。

「ユナイテッド・ステーツ」は最後の航海である第400次航海を東航4日8時間6分（平均速力30.79ノット）、西航4日10時間51分（平均速力29.64ノット）で終え、1969年11月7日朝ニューヨークに帰着した。17年の現役期間に、このスーパーライナーは277万2,840浬（マイル）（1マイル＝1,853メートル）を走破し、定期客100万2,936名、クルーズ客2万2,755名が乗船していた。

こののち生まれ故郷のノーフォークに係留され、1973年に連邦海事局の所有になる。本稿執筆の時点では、客室設備が売却されスケルトン状態でフィラデルフィアに係留されたままになっている。この名船に愛着を抱くアメリカ市民たちは拠金を募って保存運動を続けている。

その後のウィリアム・フランシス・ギブズ

「ユナイテッド・ステーツ」の主任設計者ウィリアム・フランシス・ギブズは自分の傑作の寂しい晩年を見ることなく、1967年に81歳で世を去っていた。このスーパーライナーは彼にとって何だった

のだろうか。「ルーシタニア」などの外国客船の活躍を見た20歳代から育んできた《星条旗を掲げて走る1,000フィート客船》の夢の実現だったのは間違いない。ただ「ユナイテッド・ステーツ」への彼のひたむきな愛着と情熱を知るとき、自作の象牙像に恋したといわれる、ギリシャ伝説にあるキプロス島の王ピグマリオンのイメージと二重写しになってしまう。

　ウィリアムはその船を「ユナイテッド・ステーツ」と呼ばず、「ザ・ビッグ・シップ The big ship」と呼んでいたという。図面から起こした船が三次元の物体になり、強靱な肢体で猟犬のように大海原を疾走し、入出港時に見せる美しい姿態に本当に恋し続けたのであろう。

　本船が完成してから自分の寿命が尽きるまで15年のあいだ、航海中には毎日のように船長と機関長に電話を入れ、船の調子を尋ねていた。またニューヨークに帰航したときと出航当日には必ず訪船していたと語り伝えられている。

主な人物の海事関係年表

西暦	海事関係	時代背景
1787	サミュエル・キュナード誕生（§2）	
1802	エドワード・コリンズ誕生（§2）	
1806	イザンバード・ブルーネル誕生（§1）	
1807		アメリカの技術者ロバート・フルトンが蒸気船を発明
1819	サミュエル・キュナードが蒸気船の将来性に着目（§2）	
1824	サミュエル・キュナードがエイブラハム＆サン社の代表者となる（§2）	
1830	イザンバード・ブルーネルがクリフトン吊り橋設計コンクールで優勝（§1）	
1831	エドワード・ハーランド誕生（§4）	
1834	グスターヴ・ウルフ誕生（§4）	
1835	エドワード・コリンズがドラマティック・ライン設立（§2）	
1836	コリンズ・ラインの第1船シェイクスピア就航（§2）	
1837	イザンバード・ブルーネルのグレート・ウェスタン竣工（§1） トマス・イズメイ、J.P. モーガン誕生（§4）	
1840	キュナード・ライン創業、 7月第1船ブリタニア出航（§2）	アヘン戦争（1840〜1842）
1842		南京条約締結
1844		アイルランドに大飢饉（1844〜1845）
1845	イザンバード・ブルーネルのグレート・ブリテン就航（§1）	

年		
1847	コリンズ・ラインにアメリカ政府の運航補助（§2） ウィリアム・ピリー誕生（§4） ハンブルク・アメリカ・ライン(ハパグ)設立（§5）	
1848	浅野総一郎誕生	2月革命と3月革命、カリフォルニアに金鉱発見
1850	コリンズ・ライン設立（§2）	
1853	サミュエル・キュナードが最初のスクリュー推進船を建造（§2）	クリミア戦争（1853〜1856）、アメリカ使節ペリー浦賀に来航
1854	コリンズ・ラインのアークティック遭難（§2） アレクサンダー・カーライル誕生（§4）	
1857	アルベルト・バリーン誕生（§5）	
1858	コリンズ・ライン閉業（§2） グレート・イースタン竣工、 イザンバード・ブルーネル死去（§1）	
1861	ハーランド＆ウルフ創業（§4）	南北戦争（1861〜1865）
1863	オーウェン・フリップス誕生（§4）	
1865	サミュエル・キュナード死去（§2）	
1868		明治維新
1869	ホワイト・スター・ライン（WSL）設立（§4）	スエズ運河開通
1871	WSL第1船オセアニック就航（§4）	
1873	トマス・アンドリューズ誕生（§4）	
1877		インド帝国成立
1878	エドワード・コリンズ死去（§2）	
1881	アルベルト・バリーンがモリス社代表となる（§5）	
1886	浅野回漕店設立（§3） アルベルト・バリーンがハパグに入社（§5）	

年		
1888	アルベルト・バリーンがハパグ役員となる（§5）	ヴィルヘルム2世即位
1889	WSLテュートニック竣工（§4）	
1891	トマス・イズメイ引退（§4） 和辻春樹誕生（§6）	
1896	東洋汽船設立（§3）	日清戦争（1894〜1895）
1897	日本丸型3隻の建造契約（§3）	
1898	日本丸就航（§3）	米西戦争（1898〜1898）
1900	ハパグのドイッチラント就航（§5）	北進事変（1900〜1901）
1901		モルガンが鉄鋼トラスト結成
1902	J.P. モーガンのIMM設立（§4）	
		日露戦争（1904〜1905）
1905	天洋丸、地洋丸建造契約（§3）	
1906	ウィリアム・ギブズがハーヴァード大学へ入学（§7）	
1908	春洋丸建造契約（§3） 天洋丸竣工（§3）	
1911	WSLオリンピック竣工（§4）	
1912	WSLタイタニック竣工と遭難（§5）	第1次バルカン戦争（1912〜1913）
1913	ハパグのインペラトール竣工（§5）	
1914	ハパグのファーターラント竣工（§5） ウィリアム・ギブズIMMに入社（§7）	第1次世界大戦（1914〜1918）
1915	和辻春樹が東大卒業、大阪商船入社（§6）	
1916	地洋丸遭難、これや丸、さいべりや丸購入（§3）	
1918	ヴィルヘルム2世退位、 アルベルト・バリーン自裁（§5）	
1919	ウィリアム・ギブズがIMMの建造主任となる（§7）	
1921	東洋汽船が大洋丸を運航受託（§3） 和辻春樹の処女設計船紫丸竣工（§6）	

1922	ギブズ兄弟商会設立（§7）	
1923	ギブズによるリヴァイアサン改造工事完成（§7）	
1924	日本初のディーゼル船音戸丸竣工（§6）	
1925	日本初のディーゼル航洋客船さんとす丸竣工（§6）	
1926	東洋汽船の定期航路が日本郵船へ移譲、東洋汽船の客船サービス終焉（§3）	
1927	ギブズ＆コックス社に社名変更（§7）	
1930	浅野総一郎死去（§3）	
1931		満州事変
1937	高砂丸竣工（§6）	日中戦争（1937〜1945）
1939	あるぜんちな丸、ぶら志る丸竣工（§6）	第2次世界大戦（1939〜1945）
1940	ウィリアム・ギブズ設計の客船アメリカ竣工（§7）	
1942	あるぜんちな丸海軍へ売却（§6）	
1952	和辻春樹死去（§6） ユナイテッド・ステーツ竣工（§7）	
1967	ウィリアム・ギブズ死去（§7）	
1969	ユナイテッド・ステーツ係留に入る（§7）	

参考文献

"Albert Ballin" Bernhard Huldermann
"Classic Ocean Liners" Frank O. Braynard
"Famous Liners of the past" Belfast Built, Laurence Dunn
"Fifity Famous Liners" Frank O. Braynard
"Flagship of the Line" Milton H. Watson
"Great Passenger Ships of the World" Arnold Kludas
"Isambard Kingdom Brunel" L.T.C.Rolt
"North Atlantic Seaway" N.R.P.Bonsor
"Ocean Liners" Robert Wall
"S.S.Unites States" William Milne
"Sail, Steam and Splendour" Byron S. Miller
"Seven Centuries of Sea Travel" B. W. Bathe
"The Big Ship" Frank O. Braynard
"The Big Ship" Patrick Beaver
"The Great Liners" Frank O. Braynard
"The History of White Star Line" Robin Gardiner
"White Star" Roy Anderson
「北太平洋定期客船史」三浦昭男,出版協同社
「東洋汽船六十四年の歩み」中野秀雄,東洋汽船
「日本海運発展史」浅原丈平,潮流社
「蒸気船の世紀」杉浦昭典,NTT出版
「随筆 船」和辻春樹,NTT出版
「豪華客船の文化史」野間 恒,NTT出版
講演録「世界一周航路貨客船あるぜんちな丸」和辻春樹,造船協会
寄稿文「有名客船物語・あるぜんちな丸」世界の艦船,海人社

写真提供（順不同、敬称略）

Beken of Cowes
C.R.Hoffmann
Deutsches Schiffahtsmuseum
Frank O. Braynard
Joe Casoley
NDL-Fotoarchiv
Port of Los Angeles
Raul Maya
Roger Scozzafava
Stewart Bale
Ulstar Folk & Transportation Museum
United States Lines
公益法人・流財団
商船三井
東洋汽船
日本郵船
三菱重工業長崎造船所

船名索引

◎本文中の船名を採録、付表などの船名は網羅していない
◎同名の船は船名の後に竣工年を示した
◎太字は写真掲載ページ

〔ア行〕

アークティック Arctic 53, **55**
愛國丸 175, 185
アウグスタ・ヴィクトリア Augusta Victoria 139, 141, 143
アウグステ・ヴィクトリア Auguste Victoria **145**, **146**
浅間丸 76, 92
アスチュリアス Asturias 165
アトランティック Atlantic **49**, 50
アメリカ Amerika (1905) **140**, 147
アメリカ America (1941) 195, **197**
亜米利加丸 67
あるぜんちな丸 76, **176**, **177**, **179**, **180**, **181**, 182–185
アンブリア Umbria 101
インペラトール Imperator 150, 152, **153**, 156, 157, 192
ヴァージニアン Virginian 79
ヴィクトリアン Victorian 79
ヴィルヘルム大帝 Kaiser Wilhelm der Grosse 141
ウェストポイント Westpoint 198
うすりい丸 172
海鷹 184
エイドリアティック Adriatic (1857) **57**, 113
エイドリアティック Adriatic (1907) 113
エトルリア Etruria 101
エンプレス・オブ・アイルランド Empress of Ireland 161
エンプレス・オブ・インディア Empress of India 70
オセアニック Oceanic (1870) 70, 97, **98**
オセアニック Oceanic (1899) 109, **110**, 189
オリンピック Olympic 125, 126, **127**
音戸丸 **164**

〔カ行〕

カイザー・ヴィルヘルム・デア・グローセ Kaiser Wilhelm der Grosse **104**, 105
カイザー・ヴィルヘルム2世 Kaisewr Wilhelm II 147
カイゼリン・アウグステ・ヴィクトリア Kaiserin Auguste Victoria **146**, 147
春日丸 175
カップ・フィニステーレ Cap Finistere 86
カンパニア Campania 109
吉林丸 172
畿内丸 167, **168**
金華丸 160
クィーン・メリー Queen Mary 196
グリップスホルム Gripsholm 165
グレート・イースタン Great Eastern 13, **15**, **16**, 17, 18, 19, 21, **22**, 23, **24**, 25
グレート・ウェスタン Great Western **4**, 5, 31
グレート・ブリテン Great Britain 7, **8**, **9**, 10, 11
クロンプリンツ・ヴィルヘルム Kronprinz Wilhelm 147

こがね丸　*182*
湖北丸　*163*
黒龍丸　*172*
護國丸　*175*
コプティック　Coptic　*69*
コリア　Korea　*74, 77*
コルンビア　Columbia　*146*
コレヤ丸　*85*
コロラド　Colorado　**62**

〔サ行〕
サイベリア　Siberia　*74*
サイベリヤ丸　**85**
西貢丸　*172*
サヴァンナ　Savannah　*30*
サンタ・ローサ　Santa Rosa　*194*
さんとす丸　**165**
シードリック　Cedric　*113, 124, 149*
シジア　Scythia　*100*
シティ・オブ・ニューヨーク　City of New York　*105*
シティ・オブ・パリ　City of Paris　*105*
シティ・オブ・ベルリン　City of Berlin　*100*
ジャーマニック　Germanic　*99, 101*
春洋丸　*78, 80*
ジョージック　Georgic　*132*
シリウス　Sirius　*6,* **7**
スコシア　Scotia　*23*
セルティック　Celtic　**113**, *124, 149*
セント・ルイス　St. Louis　*189*

〔タ行〕
タイタニック　Titanic　*93,* **127**, *129*
大洋丸　*87,* **88**
高砂丸　**171**
高千穂丸　**170**, *171*
たこま丸　*161*
龍田丸　*92*

丹後丸　*77*
地洋丸　*78,* **84**
秩父丸　*92*
テュートニック　Teutonic　*101, 102,* **103**, *104–106*
天洋丸　**77**, *78, 80,* **81**, *92*
ドイチュラント　Deutschland　*141,* **142**
トーラス　Taurus　*41*

〔ナ行〕
新田丸　*175*
日本丸　*67, 68,* **71**, *72–75*
ノルマンディ　Normandie　*196, 201*

〔ハ行〕
ハイバーニア　Hibernia　*41*
パーシア　Perisia　*57*
パシフィック　Pacific　*56*
盤谷丸　**172**
ハンモニア　Hammonia　*135*
ビスマルク　Bismarck　*155*
日之出丸　*63*
ヒマラヤ　Himalaya　*14*
ファーターラント　Vaterland　**154**–*157*
フィユルスト・ビスマルク　Furst Bismarck　*146*
扶桑丸　*164*
ぶら志る丸　*175*
フリードリッヒ・デア・グローセ　Friedrich der Grosse　*114*
ブリタニア　Britannia　**36**, *37,* **38**, *39, 41*
ブリタニック　Britannic (1874)　**99**, *101*
ブリタニック　Britannic (1930)　*132*
プリンツェシン・ヴィクトリア・ルイーゼ　Pronzessin Victoria Luise　**143**
ブレーメン　Bremen　*159*
ペルシア　Persia　*140*
ベレンゲイリア　Berengaria　*157*
ペンシルヴァニア　Pennsylvania　*114, 140*

報國丸　*175*, **185**
蓬萊丸　*164*
ホーヘンツォルレン　Hohenzollern　*105*
ボールティック　Baltic（1850）　*56, 59*
ボールティック　Baltic（1904）　*113*
ボルッシア　Borussia　*135*
香港丸　*67*

〔マ行〕

マジェスティック　Majestic（1889）　*101, 103*
マジェスティック　Majestic（1921）　*157*, **158**
マロロ　Malolo　*194*
マンハッタン　Manhattan　*194*, **195**
ミネトンカ　Minnetonka　*192*
ミネワスカ　Minnewaska　*192*
紫丸　**163**, *164*
メリタ　Melita　*41*

モーレタニア　Mauretania　*117*
モロ・キャッスル　Morro Castle　*196, 201*
モンゴリア　Mongolia　*75*
もんてびでお丸　*169*

〔ヤ行〕

屋島丸　*164*
八幡丸　*175*
ユナイテッド・ステーツ　United Staes　*173, 188, 198, 199,* **203**, **204**, **205**, *206–208,* **209**, *210, 211*

〔ラ行〕

リヴァイアサン　Leviathan　**157**, **193**, *194*
ルーシタニア　Lusitania　*117, 126, 189*

〔ワ行〕

ワシントン　Washington　*194*

一般索引

◎船会社、造船所、鉄道、人物、技術的項目などを掲げた
◎太字は写真掲載ページ

〔ア行〕

アドラー・ライン　136
アトランティック・トランスポート・ライン　116
アルフレッド・ホルト社　162
イースタン・スティーム・ナヴィゲーション社　13
イズメイ・イムリー社　106
IMM（International Mercantile Marine）　74, 115–118, 125, 144, 145
インチケープ卿　121
ウィリアム・デニー　35
ヴィルヘルム2世　104, 105, 134, **138**

〔カ行〕

カースル・ライン　108
カナダ太平洋鉄道　68
北ドイツ・ロイド社　116, 134
ギブズ＆ブラザーズ社　192
キュナード・ホワイト・スター・ライン　132
キュナード・ライン　34, 96
グレート・ウェスタン汽船　4
グレート・ノーザン鉄道　65
クレメント・グリスコム　116
グレン・ライン　121
ケーブルシップ　21
小島精太郎　161
コリンズ・ライン　49, 56–59

〔サ行〕

サー・ジェームズ・レーン造船所　67
サザン・パシフィック鉄道　65

サミュエル商会　65
ジョージ・バーンズ　34, 42
ジョン・グリフィス　191
白石元治郎　64, 74
スコティッシュ汽船　119
荘田平五郎　77

〔タ行〕

田中市兵衛　65
ダニエル・コックス　194
塚原周造　65
デイヴィッド・マッキーヴァー　34, 42
ドナルド・カリー　108
ドナルド・マッケイ　191
ドミニオン・ライン　116

〔ナ行〕

中橋徳五郎　163
中村順平　**173**
ニコライ2世　145

〔ハ行〕

バーナード・ベイカー　116
ハーランド＆ウルフ造船所　93, 139
パシフィック・スティーム・ナヴィゲーション社　121
パシフィック・メール・スティームシップ社　62
馬場道久　65, 72
ハンブルク・アメリカ・ライン　108, 116, 134
平賀譲　160, **162**
ファーネス・ウィジー社　133

フィリップス社　119
福沢桃介　65
フレデリック・ギブズ　189, 192
フレンチ・ライン　116
ブローム＆フォス社　193
ホランド・アメリカ・ライン　117
堀啓次郎　163, 166

〔マ行〕

松田軍平　183
村田省蔵　**169**, 170
村野藤吾　**173**

モリス社　135

〔ヤ行〕

安田善次郎　63, **64**, 79, 84
ユニオン・カースル・ライン　121
ユニオン汽船　108

〔ラ行〕

ランポート＆ホルト社　121
レッド・スター・ライン　116, 136
ロイヤル・メール・ライン　79, 118

「交通ブックス」の刊行にあたって

　私たちの生活の中で交通は，大昔から人や物の移動手段として，重要な地位を占めてきました。交通の発達の歴史が即人類の発達の歴史であるともいえます。交通の発達によって人々の交流が深まり，産業が飛躍的に発展し，文化が地球規模で花開くようになっています。

　交通は長い歴史を持っていますが，特にこの200年の間に著しく発達し，新しい交通手段も次々に登場しています。今や私たちの生活にとって，電気や水道が不可欠であるのと同様に，鉄道やバス，船舶，航空機といった交通機関は，必要欠くべからざるものになっています。

　公益財団法人交通研究協会では，このように私たちの生活と深い関わりを持つ交通について少しでも理解を深めていただくために，陸海空のあらゆる分野からテーマを選び，「交通ブックス」として，さしあたり全100巻のシリーズを，(株)成山堂書店を発売元として刊行することにしました。

　このシリーズは，高校生や大学生や一般の人に，歴史，文学，技術などの領域を問わず，さまざまな交通に関する知識や情報をわかりやすく提供することを目指しています。このため，専門家だけでなく，広くアマチュアの方までを含めて，それぞれのテーマについて最も適任と思われる方々に執筆をお願いしました。テーマによっては少し専門的な内容のものもありますが，できるだけかみくだいた表現をとり，豊富に写真や図を入れましたので，予備知識のない人にも興味を持っていただけるものと思います。

　本シリーズによって，ひとりでも多くの人が交通のことについて理解を深めてくだされば幸いです。

公益財団法人　交通研究協会
理事長　加 藤 書 久

「交通ブックス」企画編集委員

委員長　住田　正二（元東日本旅客鉄道(株)社長）
　　　　加藤　書久（交通研究協会理事長）
　　　　住田　親治（交通研究協会理事）
　　　　青木　栄一（東京学芸大学名誉教授）
　　　　安達　裕之（日本海事史学会会長）
　　　　佐藤　芳彦（(株)サトーレイルウェイリサーチ代表取締役）
　　　　野間　　恒（海事史家）
　　　　橋本　昌史（(公財) 東京タクシーセンター評議員会議長）
　　　　平田　正治（元航空管制官）
　　　　和久田康雄（鉄道史学会会員）
　　　　小川　典子（成山堂書店社長）

（平成 27 年 11 月）

著者略歴

野間　恒（のま　ひさし）

1933年　愛媛県西条市生まれ
1957年　慶応義塾大学経済学部卒業
1957年　大阪商船（株）入社
1974年　大阪商船三井船舶（株）ロサンゼルス駐在員
1984年　（株）商船三井ソウル首席在勤員
1988年　九州急行フェリー（株）取締役社長（～1998年）
以後、海事史研究と執筆活動

著書
『客船・昔と今』(1974年、出版協同社)
『船の美学』(1982年、舵社)
『豪華客船の文化史』(1993年、NTT出版、住田海事奨励賞受賞)
『商船三井戦時船史』(2002年、自家刊行、住田海事奨励賞受賞)
『商船三井1884～2009』(2009年、自家刊行、住田海事史奨励賞受賞)

交通ブックス220
客船の時代を拓いた男たち　　定価はカバーに表示してあります。

平成27年12月28日　初版発行

著　者　野間　恒
発行者　公益財団法人交通研究協会
　　　　理事長　加藤　書久
印　刷　亜細亜印刷株式会社
製　本　株式会社難波製本

発売元　株式会社　成山堂書店

〒160-0012　東京都新宿区南元町4番51　成山堂ビル
TEL：03(3357)5861　FAX：03(3357)5867
URL http://www.seizando.co.jp
落丁・乱丁本はお取り換えいたしますので、小社営業チーム宛にお送り下さい。

©2015　Hisashi Noma
Printed in Japan　　　　ISBN978-4-425-77191-2

陸海空の交通が
よくわかるシリーズ

交通ブックス

各巻四六判・定価 本体1500円（★1600円・☆1800円）＋税

【陸上交通】

- ☆ 103 新訂 鉄道線路のはなし
- 105 特殊鉄道とロープウェイ　生方良雄【品切】
- 107 時刻表百年のあゆみ　三宅俊彦
- 108 やさしい鉄道の法規 JRと私鉄の実例　和久田康雄
- 109 新幹線 高速大量輸送のしくみ　海老原浩一【品切】
- 110 現代のトラック産業　カーゴニュース編【品切】
- 111 路面電車 ライトレールをめざして　和久田康雄【品切】
- 112 本州四国連絡橋のはなし 長大橋を架ける　藤川寛之
- 113 ミニ新幹線誕生物語 在来線との直通運転　ミニ新幹線執筆グループ
- 115 空港と鉄道 アクセスの向上をめざして　佐藤芳彦
- ★ 116 列車ダイヤと運行管理（改訂版）　列車ダイヤ研究会
- ★ 117 蒸気機関車の技術史　齋藤晃
- ☆ 118 電車のはなし 誕生から最新技術まで　宮田道一・守谷之男
- ☆ 119 LRT 次世代型路面電車とまちづくり　宇都宮浄人・服部重敬
- ★ 120 進化する東京駅 街づくりからエキナカ開発まで　野﨑哲夫
- ☆ 121 日本の内燃動車　湯口徹
- ☆ 122 弾丸列車計画 東海道新幹線につなぐ革新の構想と技術　地田信也
- ☆ 123 ICカードと自動改札　椎橋章夫
- ☆ 124 電気機関車とディーゼル機関車　石田周二・笠井健次郎
- ☆ 125 駐車学　高田邦道
- ☆ 126 海外鉄道プロジェクト 技術輸出の現状と課題　佐藤芳彦

【海上交通】

- ☆ 204 七つの海を行く 大洋航海のはなし（増補改訂版）　池田宗雄
- 206 船舶を変えた先端技術　瀧澤宗人【品切】
- 208 新訂 内航客船とカーフェリー　池田良穂
- 211 青函連絡船 洞爺丸転覆の謎　田中正吾
- 212 日本の港の歴史 その現実と課題　小林照夫
- 213 海難の世界史　大内建二【品切】
- 214 現代の海賊 ビジネス化する無法社会　土井全二郎
- ☆ 215 海を守る 海上保安庁 巡視船（改訂版）　邊見正和
- 216 現代の内航海運　鈴木暁・古賀昭弘
- ☆ 217 タイタニックから飛鳥Ⅱへ 客船からクルーズ船への歴史　竹野弘之
- ☆ 218 世界の砕氷船　赤井謙一
- ☆ 219 北前船の近代史 海の豪商たちが遺したもの　中西聡

【航空交通】

- 302 日本のエアライン事始　平木國夫
- ★ 303 航空管制のはなし（七訂版）　中野秀夫
- 304 日本の航空機事故90年　大内建二
- 305 ハイジャックとの戦い 安全運航をめざして　稲坂硬一
- ★ 306 航空図のはなし（改訂版）　太田弘
- ★ 307 空港のはなし（改訂版）　岩見宣治・渡邉正己
- ☆ 308 飛行船の歴史と技術　牧野光雄
- ☆ 309 航空の時代を拓いた男たち　鈴木五郎